U0804699

文公家禮

〔宋〕朱熹　撰
〔宋〕楊復　附注
〔宋〕劉垓孫　增注

齊魯書社
·濟南·

圖書在版編目（CIP）數據

文公家禮 / (宋) 朱熹撰 ; (宋) 楊復附注 ; (宋) 劉垓孫增注. -- 濟南 : 齊魯書社, 2024. 9. -- (《儒典》精粹). -- ISBN 978-7-5333-4944-8

Ⅰ. K892.98

中國國家版本館CIP數據核字第2024AJ7821號

責任編輯　劉　强　馬素雅
裝幀設計　亓旭欣

文公家禮
WENGONG JIALI
〔宋〕朱熹　撰　〔宋〕楊復　附注　〔宋〕劉垓孫　增注

主管單位	山東出版傳媒股份有限公司
出版發行	齊魯書社
社　　址	濟南市市中區舜耕路517號
郵　　編	250003
網　　址	www.qlss.com.cn
電子郵箱	qilupress@126.com
營銷中心	（0531）82098521　82098519　82098517
印　　刷	山東臨沂新華印刷物流集團有限責任公司
開　　本	880mm × 1230mm　1/32
印　　張	10
插　　頁	2
版　　次	2024年9月第1版
印　　次	2024年9月第1次印刷
標準書號	ISBN 978-7-5333-4944-8
定　　價	78.00圓

《〈儒典〉精粹》出版説明

《儒典》是對儒家經典的一次精選和萃編，集合了儒學著作的優良版本，展示了儒學發展的歷史脉絡。其中，《義理典》《志傳典》共收録六十九種元典，由齊魯書社出版。鑒於《儒典》采用套書和綫裝的形式，部頭大，價格高，不便於購買和日常使用，我們决定以《〈儒典〉精粹》爲叢書名，推出系列精裝單行本。

叢書約請古典文獻學領域的專家學者精選書目，并爲每種書撰寫解題，介紹作者生平、内容、版本流傳等情况，文簡義豐。叢書共三十三種，主要包括儒學研究的代表性專著和儒學人物的師承傳記兩大類。版本珍稀，不乏宋元善本。對於版心偏大者，適度縮小。爲便於檢索，另編排目録。不足之處，敬請讀者朋友批評指正。

齊魯書社

二〇二四年八月

《〈儒典〉精粹》書目（三十三種三十四册）

孔氏家語	荀子集解	孔叢子
春秋繁露	春秋繁露義證	鹽鐵論
新序	揚子法言	白虎通德論
潛夫論	中説	太極圖説　通書
龜山先生語録	張子語録	傳習録
張子正蒙注	先聖大訓	近思録
四存編	孔氏家儀	帝範
帝學	温公家範	文公家禮
聖門禮樂誌	東家雜記	孔氏祖庭廣記
伊洛淵源録	伊洛淵源續録	國朝漢學師承記
國朝宋學淵源記	孔子編年	孟子年表

解題

文公家禮十卷，宋朱熹撰，宋楊復附注，宋劉垓孫增注，元刻本

是書輯録《儀禮》諸書中可施於家者，删繁就簡，纂輯而成。前有朱熹序，未署年月。目録頁題『纂圖集註文公家禮』，卷端頁題『文公家禮』，二三行俱題『門人秦溪楊復附註』『後學復軒劉垓孫增註』。十卷目次爲：卷一通禮，卷二冠禮，卷三昏禮，卷四至八喪禮，卷九至十祭禮。按朱熹序云：『嘗獨究觀古今之籍，因其大體之不可變者而少加損益於其間，以爲一家之書，大抵謹名分、崇愛敬以爲之本；至其施行之際，則又略浮文，務本實，以竊自附於孔子「從先進」之遺意。誠願得與同志之士熟講而勉行之，庶幾古人所以修身齊家之道、謹終追遠之心，猶可以復見；而於國家所以崇化導民之意，或亦有小補云。』是其撰述之旨，明白簡易，切於實用，流傳廣遠，備受推崇。《四庫全書》録於雜禮書中，題作『《家禮》五卷附録一卷』，正文中删除楊、劉之注，而别録楊氏之注於附録之中。《四庫全書總目提要》

引清人王懋竑《白田雜著·家禮考》諸文，謂是書不出朱子。然自近代以來，其真僞之辯仍復聚訟紛紜，僞書之説，難成定論。讀是書者，取其簡潔實用可也。

徐　泳

目録

朱熹序……三

纂圖集註文公家禮目録……一一

大宗小宗圖……二一

文公家禮卷第一

通禮第一……二三

祠堂圖……三九

深衣圖……四一

深衣制度……四五

司馬氏居家雜儀……五一

文公家禮卷第二

冠禮第二……七七

冠……七七
笄……八八
文公家禮行冠禮圖……九一

文公家禮卷第三

昏禮第三……九三
議昏……九三
納采……九五
納幣……九七
親迎……九九
婦見舅姑……一〇九
廟見……一一二
壻見婦之父母……一一二

文公家禮卷第四

喪禮第四……一一五
初終……一一五
沐浴襲奠爲位飯含……一二〇

靈座魂帛銘旌……一二六
襲含哭位圖……一二九
小歛圖……一三一
小歛袒括髮免髽奠代哭……一三三
大歛圖……一三九
大歛……一四一
本宗五服圖……一四五
妻爲夫黨服圖……一四九
外族母黨妻黨服圖……一五〇
喪服圖式……一五一

文公家禮卷第五

成服……一六三

文公家禮卷第六

朝夕哭奠上食……一八五
弔奠賻……一八七
聞喪奔喪……一九一

治葬……一九四
木主全式……二〇九
木主分式……二一〇
尺式……二一一
木主趺式……二一三

文公家禮卷第七

遷柩朝祖奠賻陳器祖奠……二一七
遣奠……二二一
發引……二二二
及墓下棺祠后土題木主成墳……二二三
反哭……二二九
虞祭……二三一
卒哭……二三五
祔……二三七

文公家禮卷第八

小祥……二四五

大祥……二四八
禫……二五二
居喪雜儀……二五六
致賻奠狀……二六〇
謝狀……二六〇
慰人父母亡疏……二六一
父母亡答人慰疏……二六四
慰人祖父母亡啓狀……二六六
祖父母亡答人啓狀……二六八
正寢時祭之圖……二七一
每位設饌之圖……二七二

文公家禮卷第九

祭禮第五……二七三
四時祭……二七三

文公家禮卷第十

初祖……二九三

先祖……二九六
禰……二九九
忌日……三〇〇
墓祭……三〇三

纂圖集注

凡禮有本有文自其施於家
者言之則名分之守愛敬之
實其本也冠昏喪祭儀章
度數者其文也其本者有
家日用之常體固不可以一日

而不修其文而皆屬紀綱人
道之始終雖其行之有時施
之有所於此講之素明習
之素熟則其臨事之際亦
無以合宜而應節是亦不

可以百而不講且習焉者
也三代之際禮經備矣於其
存於今者宮廬器服之制
出入起居之節即生已不宜於
世〻之君子雖或好古今

之變更為一時之法然亦哉詳哉略要所折衷至哉遺其本而務其末緩於實而急於文自有志於禮之士猶或不能舉其契而用於

貧窶者尤患其終不能有
以及於禮也熹之愚蓋兩病
焉是以嘗獨究觀古今之
籍因其大體之不可變者
而少加損益於其間以爲一

家之書大抵謹名分崇愛
敬以為之本至其施行之際
則又略浮文敦本實以竊
自附於孔子從先進之遺意
誠願得與同志之士熟講

而勉行之庶幾古人所以
脩身齊家之道謹終追
遠之志猶可以復見而於
國家所以崇化導民之意
或亦有小補云爾女朱來書

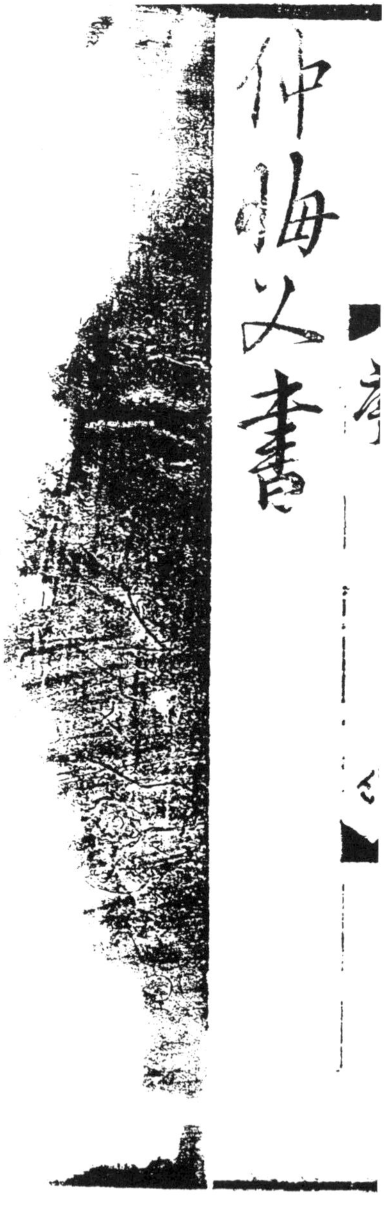

此序原刻乃朱子手筆後來翻刻模徹漸失其真凡與文集不同七處（六以文義推之）常體之字集作禮學箕契之字集作要體契二字楷是翻刻之訛玉用于負宴集本訛用作困務本之務集訛作敎（崇）數訛之崇集訛作數又不可以一日不字上集少亦字歉古今上集少究字皆當以此本為正

纂圖集註文公家禮目録

門人秦溪楊復附註
後學復軒劉垓孫增註

卷第一

通禮第一

祠堂 祠堂圖
深衣制度 深衣圖

司馬氏居家雜儀

卷第二
冠禮第一
冠 冠禮圖
笄
卷第三
昏禮第二

議昏

納采

納幣

親迎

婦見舅姑

廟見

壻見婦之父母

卷第四

喪禮第四

初終

沐浴襲奠爲位飯含

襲含哭爲位圖

靈座魂帛銘旌

小斂

袒　括髮　免　髽　奠　代哭

小斂圖

大斂

大斂圖

卷第五
成服　本宗五服圖　妻爲夫黨服圖
外族母黨妻黨服圖　喪服圖
卷第六
朝夕哭奠上食
弔奠賻
聞喪奔喪
治葬　木主式　造主尺長短圖

卷第七

遷柩朝祖奠賻陳器祖奠
遣奠
發引
及墓下棺祠后土題木主成墳
反哭
虞祭

卒哭

祔

卷第八

小祥

大祥

禫

居喪雜儀

致賻奠狀
謝狀
慰人父母亡䟽
父母亡答人慰䟽
慰人祖父母亡啓狀
祖父母亡答人啓狀
卷第九

祭禮第五

四時祭 正寢時祭圖 每位設饌圖

卷第十

初祖

先祖

禰

忌日

墓祭

纂圖集註文公家禮目録

大宗小宗圖

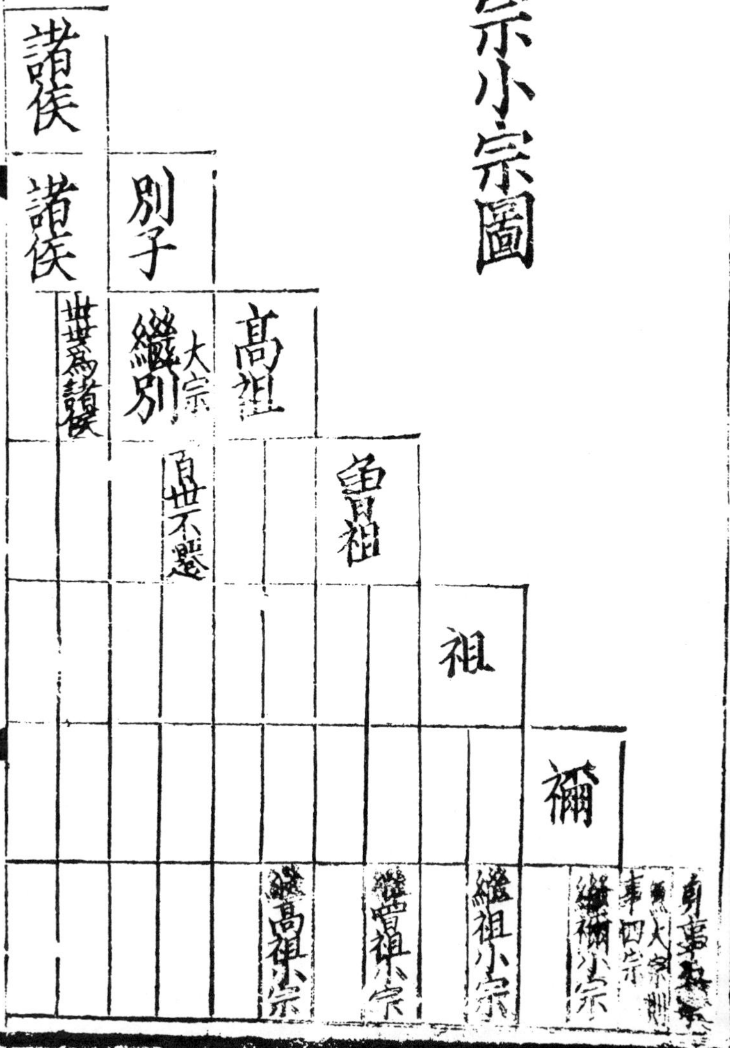

【集註】呂汲公家祭儀曰古者小宗有四有繼禰之宗繼祖之宗繼曾祖之宗繼高祖之宗所以主祭祀而統族人後世宗法既廢散無所統祭祀之禮家自行之支子不能不祭祭不必告于宗子今宗法雖未易復而宗子主祭之義略可舉行宗子爲士庶子爲大夫以上牲祭于宗子之家故今議宗廟雖因支子而立亦宗子主其祭而用其支子命數所得之禮可合禮意○【朱子曰】祭祀須是用宗子法方不亂不然前面必有不可處置者○父在主祭子出仕宦不得祭父沒宗子主祭庶子出仕宦祭時其禮亦合減殺不得同宗子○宗子只得立適雖庶長立不得若無適子則亦立庶子所謂世子之同母弟世子是適若世子死則立世子之親弟亦是次適也是庶子不得立也○大宗法既立不得亦當立小宗法祭自自高祖以下親盡則請出高祖就伯叔位服未盡者祭之嫂則別處後其子私祭之今世禮盡闕了

文公家禮卷第一

門人秦溪楊　復　附註

後學復軒劉　垓孫　增註

通禮第一

此篇所著皆所謂有家日用之常體不可一日而不脩者

祠堂

此章本合在祭禮篇今以報本反始之心尊祖敬宗之意實有家名分之守所以開業傳世之本也故特著此冠于篇端使覽者知所以先立乎其大者而凡後篇所以周旋升降出入向背之曲折亦有所據以考焉然古之廟制不見於經且今士庶人之賤亦有所不得為者故特以祠堂名之而其

制度亦多
用俗禮云

附註 司馬溫公曰仁宗時嘗詔聽太子少傅以上皆立家廟而有司終不爲之定制度惟文潞公立廟於西京他人皆莫之立故今但以影堂言之

增註 古命士得立家廟家廟之制內立寢廟中立正廟外立門四面墻圍之非命士止祭於堂上只祭考妣伊川謂無貴賤皆祭自高祖而下但祭有豐殺疏數不同廟向南坐皆東嚮伊川於此不審乃云廟皆東向祖先位面東自廳側直東入其所反轉面西入廟中其制非是古人所以廟面東向坐者蓋戶在東牖在西坐於一邊乃是奧處也○先生云謂欲立一家廟小五架屋以後架作一長龕堂以板隔截作四龕堂堂置位牌堂外用簾子

小小祭祀時亦可只就其處大祭祀則請出或堂上或廳上皆可。唐大臣皆立廟於京師本朝惟文潞公法唐杜佑制立一廟在西京雖如韓司馬家亦不曾立廟杜佑廟。祖宗時尚在長安。愚按伊川先生曰古者庶人祭於寢士大夫祭於廟庶人無廟可立影堂今文公先生乃曰祠堂者蓋以伊川先生謂祭時不可用影故改影堂曰祠堂云

君子將營宮室先立祠堂於正寢之東。

祠堂之制三間外為中門中門外為兩階皆三級東曰阼階西曰西階階下隨地廣狹以屋覆之令可容家衆敘立又為遺書衣物祭器庫及神廚於其東繚以周垣別為外門常加扃閉若家貧地狹則止為一

間。不立廚庫，而東西壁下置立兩櫃，西藏遺書衣物，東藏祭器亦可。正寢謂前堂也。地狹則於廳事之東亦可。凡祠堂所在之宅，宗子世守之，不得分析。○凡屋之制不問何向背，但以前爲南，後爲北，左爲東，右爲西，後皆倣此。

爲四龕，以奉先世神主。

祠堂之內，以近北一架爲四龕，每龕內置一卓。大宗及繼高祖之小宗，則高祖居西，曾祖次之，祖次之，父次之。繼曾祖之小宗，則不敢祭高祖，而虛其西龕一。繼祖之小宗，則不敢祭曾祖，而虛其西龕二。繼禰之小宗，則不敢祭祖，而虛其西龕三。若大宗世數未滿，則亦虛其西龕，如小宗之制。神主皆藏於櫝中，置於卓上，南向。龕外各垂小簾，簾外設香卓於堂中，置香爐香合於其上。兩階之間又設香卓，亦如之。非嫡長子則不敢祭其父。若與嫡長同居，則死而後其子孫

爲之祠堂於私室且隨所繼世數爲龕俟其出而異居
乃備其制若生而異居則預於其地立齋以居如祠堂
之制死則因以爲祠堂
○主式見喪禮治葬章
【附註】或問廟主自西而列【先生曰】此也不是古禮
○問諸侯廟制太祖居北而南向昭廟二在其東
南穆廟二在其西南皆南北相重不知當時每廟
一室或共一室各爲位也曰古廟制自太祖而下
各是一室陸農師禮象圖可考西漢時高祖廟文
帝顧成廟各在一處但無法度不同一處至東漢
明帝謙貶不敢自當立廟祔於光武廟其後遂以
爲例至唐太廟及羣臣家廟悉如今制以西爲上
也至禰處謂之東廟今太廟之制亦然○【司馬文
正公曰】所以西上者神道尚右故也○【先生曰】人

家族衆或主祭者不可以祭及叔伯父之類則須令其嗣子別得祭之今且說同居同出於曾祖便有從兄弟及再從兄弟祭時主於主祭者其他或子不得祭其父母若恁地衮做一處祭不得要好則主祭之嫡孫當一日祭其曾祖及祖及父餘子孫與祭次日却令次位子孫自祭其祖及父又次日却令次位子孫自祭其父此却有古宗法意古今祭禮這般處皆有之今要如宗法祭祀之禮須是在上之家先就宗室及世族家行之做箇樣子方可使以下士大夫行之

【詳註】排祖先時以客位西邊爲上高祖第一高祖母次之只是正排看正面不曾對排曾祖祖父皆然其中有伯叔伯叔母兄弟嫂婦無人主祭而我爲祭者各以昭穆論

旁親之無後者。以其班祔。伯叔祖父母。祔于高祖。伯叔父母祔于曾祖。妻若兄弟。若兄弟之妻祔于祖。子姪祔于父。皆西向。主櫝並如正位。姪之父自立祠堂則遷而從之。○程子曰。無服之殤不祭。下殤之祭。終父母之身。中殤之祭。終兄弟之身。長殤之祭。終兄弟之子之身。成人而無後者。其祭終兄弟之孫之身。此皆以義起者也。

附註 愚按祔位。謂旁親無後及卑幼先亡者。祭禮纔祭高祖畢。即使人酌獻祔于高祖者。曾祖祖考皆然。故祝亦云以某人祔食尚饗。詳見後祭禮篇。四時祭條。

增註 如祔祭伯叔則祔于曾祖之傍一邊。在位牌西邊安伯叔母則祔曾祖母東邊安。兄弟嫂妻婦則祔于祖母之傍。伊川云：曾祖兄弟無上者，亦不祭，不知何所據而云。伊川云：只是以義起也。○遇大時節，請祖先祭于堂或廳上，坐次亦如在廟時排定。祔祭旁親者，右丈夫，左婦女，坐以就裏爲大。

凡祔於此者，不從昭穆了，只以男女左右大小分排，在廟卻各從昭穆祔。

置祭田。初立祠堂，則計見田，每龕取其二十之一以爲祭田，親盡則以爲墓田。後凡正位祔位皆倣此，宗子主之，以給祭用。上世初未置田，則合墓下子孫之田，計數而割之，皆立約聞官，不得典賣。

具祭器。牀席倚卓盥盆火爐酒食之器，隨其合用之數，皆具貯於庫中而封鎖之，不得它用。無庫則貯於櫃中。不可貯者，列於外門之內。

主人晨謁於大門之內。

主人謂宗子主此堂之祭者晨謁深衣焚香再拜

出入必告。主人主婦近出則入大門瞻禮而行歸亦如之經宿而歸則焚香再拜遠出經旬以上則再拜焚香告云某將適某所敢告又再拜而行歸亦如之但告云某今日歸自某所敢見經月而歸則開中門立於階下再拜升自阼階焚香告畢再拜降復位再拜餘人亦然但不開中門○凡主婦謂主人之妻○凡升降惟主人由阼階主婦及餘人雖尊長亦由西階○凡拜男子再拜則婦人四拜謂之俠拜其男女相答拜亦然

正至朔望則參。正至朔望前一日灑掃齋宿厥明夙興開門軸簾每龕設新果一大盤於卓上每位茶盞托酒盞盤各一於神主櫝前設束茅聚沙於香卓前別設一卓於阼階上置酒注盞盤一於其上酒一瓶於其西盥盆帨

巾各二於阼階下東南有臺架著在西爲主人親屬所
盥無者在東爲執事者所盥巾皆在北主人以下盛服
入門就位主人北面於阼階下主婦北面於西階下主
人有母則特位於主婦之前主人有諸父諸兄則特位
於主人之右少前重行西上有諸母姑嫂姊則特位於
主婦之左少前重行東上諸弟在主人之右少退子孫
外執事者在主人之後重行西上主人弟之妻及諸妹
在主婦之左少退子孫婦女內執事者在主婦之後重
行東上立定主人盥帨升搢笏啓櫝奉諸考神主置於
櫝前主婦盥帨升奉諸妣神主置于考東次出祔主亦
如之命長子長婦或長女盥帨升分出諸祔主之卑者
亦如之皆畢主婦以下先降復位主人詣香卓前降神
搢笏焚香再拜少退立執事者盥帨升開瓶實酒于注
一人奉注詣主人之右一人執盞盤詣主人之左一人

跪執事皆跪主人受注斟酒反注取盞盤奉之左執盤右執盞酹于茅上以盞盤授執事者出笏俛伏興少退再拜降復位與在位者皆再拜參神主人升搢笏執注斟酒先正位次祔位次命長子斟諸祔位之卑者主婦升執茶筅執事者執湯瓶隨之點茶如前命長婦或長女亦如之子婦執事者先降復位主人出笏與主婦分立於香卓之前東西再拜降復位與在位者皆再拜辭神而退

附註 **先生曰** 正旦則在官者有朝謁之禮恐不得專精於祭事某鄉里却止於除夕前三四日行事此亦更在斟酌也

冬至則祭始祖畢行禮如上儀○望日不設酒不出主主人點茶長子佐之先降主人立於香卓之南再拜乃降餘如上儀○準禮舅沒則姑老不預於祭又曰支子

不祭故今專以世嫡宗子夫婦爲主人主婦其有母及
諸父母兄嫂者則設特位於前如此○凡言盛服者有
官則幞頭公服帶靴笏進士則幞頭襴衫帶處士則幞
頭皂衫帶無官者通用帽子衫帶又不能具則或深衣
或凉衫有官者亦通服帽子以下但不爲盛服婦人則
假髻大衣長裙女在室者冠子背子衆妾假髻背子

俗節則獻以時食○

節如清明寒食重午中元重陽之類凡鄉俗所尚者食
如角黍凡其節之所尚者薦以大盤間以蔬果禮如正
至朔日之儀

附註問俗節之祭如何曰韓魏公處得好謂之節
祠殺於正祭但七月十五日用浮屠設素饌祭某
不用○**又答張南軒先生曰**今之俗節古所[illegible]
故古人雖不祭而情亦自安今人既以此[illegible]

於是日必具殽羞以祖宴樂而其節物亦各有以致世俗之情至於是日不能不思其祖考而復以其物享之雖非禮之正然亦人情之不能已者且古人不祭則不敢以燕況今於此俗節既已據經而廢祭而生者則飲食宴樂隨俗自如非事死如事生事亡如事存之意也愚意時祭之外各因鄉俗之舊以其所尚之時所用之物奉以大盤陳於廟中而以告朔之禮奠焉則庶幾合乎隆殺之節而盡乎委曲之情可行於久遠而無疑矣

【增註】朔旦家廟用酒果望旦用茶重午中元九日之類皆名俗節大祭時每位用四味請出木主俗節小祭只就家廟止二味朔旦俗節酒止一上斟一盃

有事則告。如正至朔日之儀但獻茶酒再拜訖主婦先降復位主人立於香卓之南跪執版立於主人之左跪讀之畢興主人再拜降復位餘並同○告授官祝版云維年歲月朔日孝子某官某敢昭告于皇某親某官封謚府君皇某親某封某氏某以某月某日蒙恩授某官奉承先訓獲霑祿位餘慶所及不勝感慕謹以酒果用伸虔告謹告畢降則言貶某官荒墜先訓皇恐無地謹以後同若弟子則言某之某某餘同○告追贈則止告所贈之龕別設香卓於龕前又設一卓於其東置淨水粉盞刷子硯墨筆於其上餘並同但祝版云奉某月某日制書贈皇某親某官皇某親某封某奉承先訓竊位于朝祗奉恩慶有此褒贈祿不及養摧咽難勝謹以後同若因事特贈則別為文以叙其意告畢再拜主人進奉主置卓上執事者洗去舊字別塗以粉俟乾命善書者改題所贈官封陷中不改洗水以洒祠堂之四壁主人奉主置故處乃降復位後同

【附註】先生曰：焚黃，近世行之墓次，不知於禮何據。張魏公贈謚，只告于廟，疑爲得禮。但今世皆[illegible]墓，恐未免隨俗耳。○愚按先生文集有焚黃祝文，亦云告于家廟，亦不云告墓也。

主人生嫡長子，則滿月而見，如上儀，但不用祝。主人立於香卓之前，告曰：某之婦某氏，以某月某日生子，名某，敢見。告畢，立於香卓東南，西向。主婦抱子進，立於兩階之間，再拜，主人乃降復位，後同。○冠昏則見本篇。○凡言祝版者，用版長一尺，高五寸，以紙書文，黏於其上。畢則揭而焚之。其首尾皆如前，但於皇高祖考、皇高祖妣，自稱孝元孫；於皇曾祖考、皇曾祖妣，自稱孝曾孫；於皇祖考、皇祖妣，自稱孝孫；於皇考、皇妣，自稱孝子。有官封謚，則皆稱之；無則以生時行第稱號加于府君之上。妣曰某氏夫人。凡自稱非宗子，不言孝。○告事之祝，四代共爲一版自稱以其最尊者爲主止告正位不告祔位茶酒則并設之。或有水火盜賊則先救祠堂遷神主遺書次及祭器然後及家財易世則改題主而遞遷之。改題遞遷禮見喪禮大祥章大宗之家始祖親盡則藏其主於墓所而大宗猶主其墓田以奉其墓祭歲率宗人一祭之百世不改其第二世以下祖親盡及小宗之家高祖親盡則遷其主而埋之其墓田則諸位迭掌而歲率其子孫一祭之亦百世不改也

(附註)問而今士庶亦有始基之祖莫亦只祭得四代但四代以上則可不祭否(先生曰)若是始基之

祖想亦只存得墓祭。愚按此章云始祖親盡則藏其主於墓所喪禮大祥章亦云若有親盡之祖而其別子也則祝版云云告畢而遷于墓所不埋夫藏其主於墓所而不埋則墓所必有祠堂以奉墓祭

祠堂圖

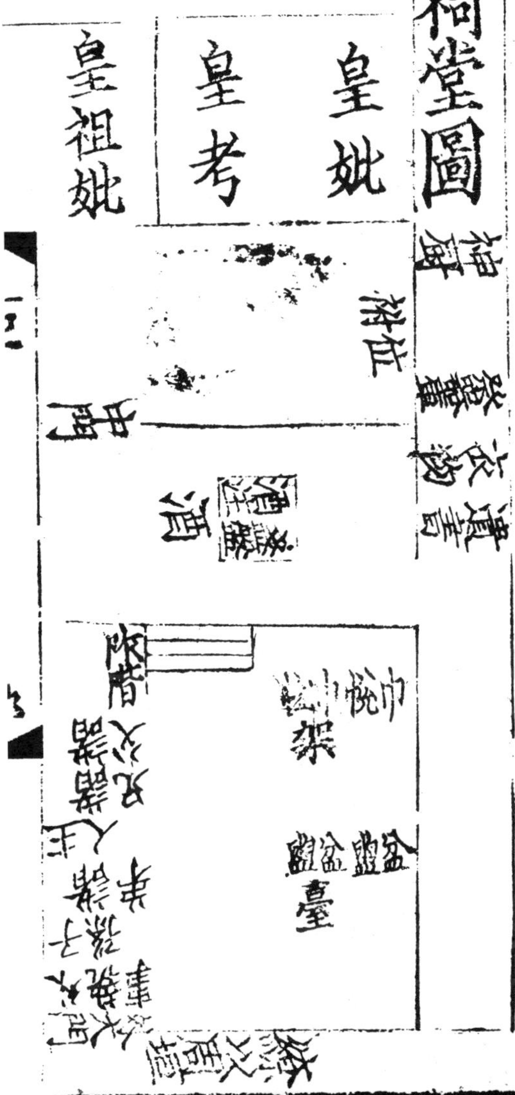

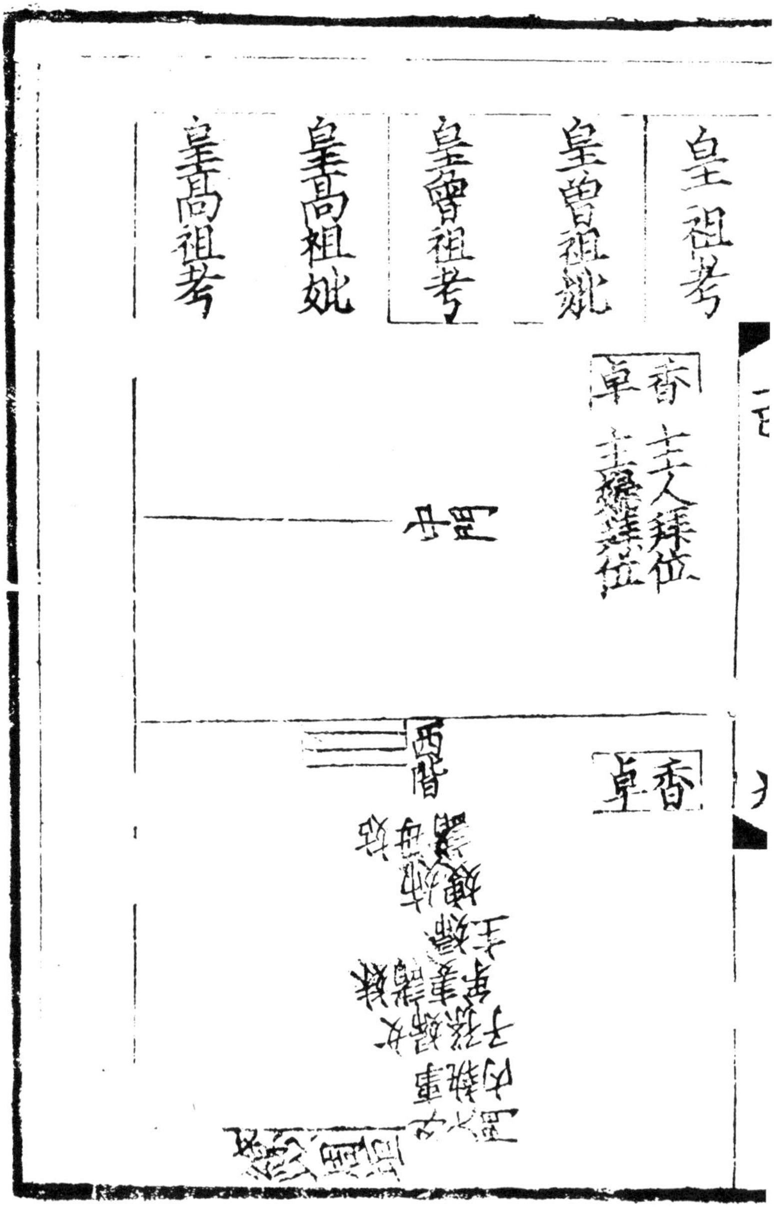
皇祖考
皇曾祖妣
皇曾祖考
皇高祖妣
皇高祖考
香卓
主人拜位
主婦拜位
香卓
西階
內執事
子孫婦女
主婦

深衣前圖

袷緣
廣二寸
衣身二尺二寸
袪
袂
袂
袪
續衽鉤邊
裳緣廣寸半與袪同
裳前後共十二幅
縫合此處謂之續衽鉤邊
袪袖口廣尺有二寸圍之則二尺有四寸
緣廣寸半
裳下曰齊
音咨

深衣後圖

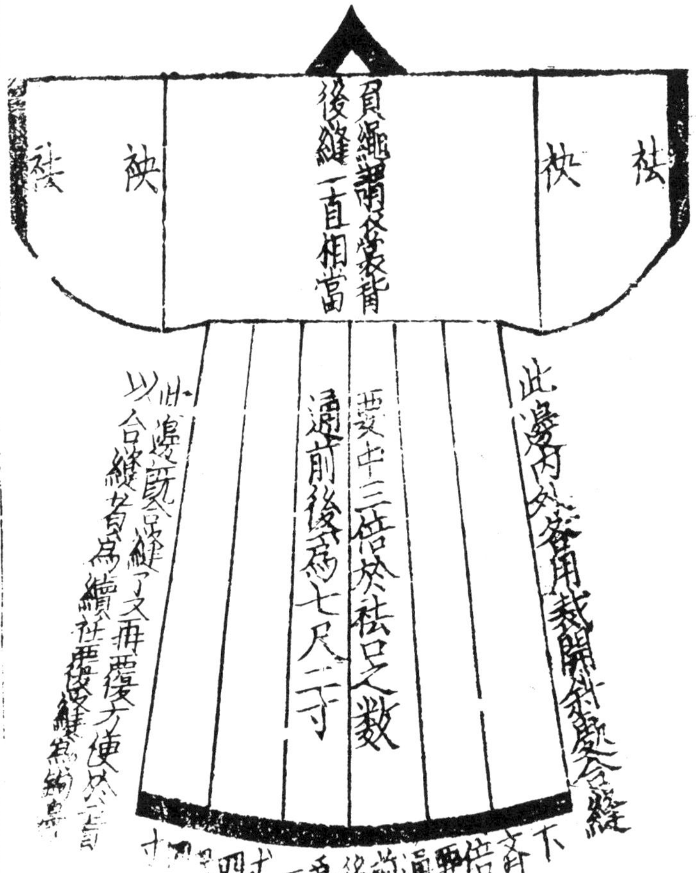
負繩謂衣裳背
後縫一直相當
袪
袂
袂
袪
此邊內外各用裁開斜處合縫
要中三倍於袪口之數
通前後為七尺二寸
此邊既合縫了又再覆了使於外
以合縫者為續衽覆縫為鉤邊
下齊倍要通前後為一丈四尺四寸

深衣前兩襟相掩圖

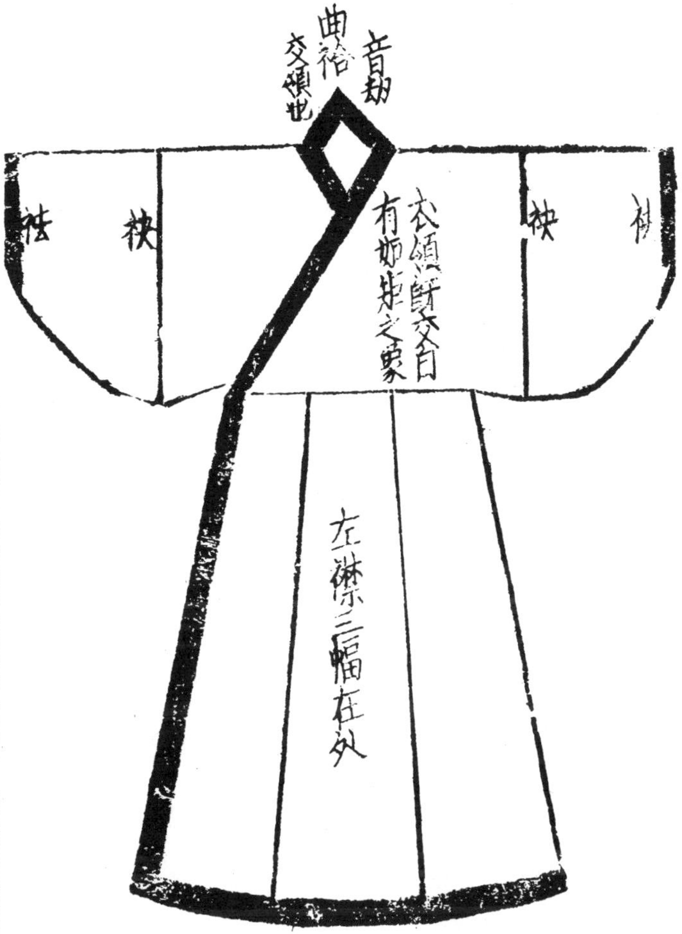

十二

裁衣前法

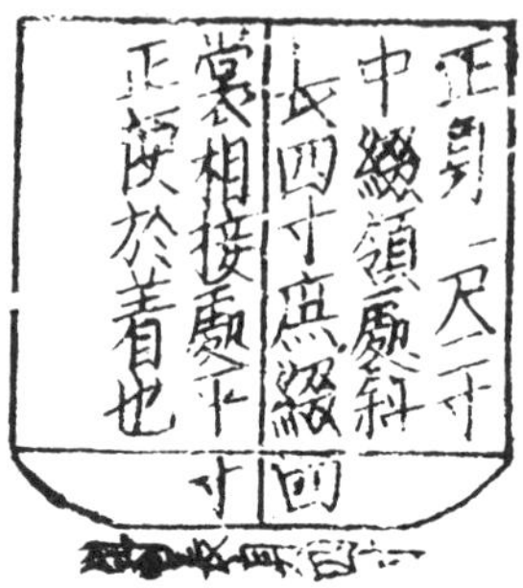

裁衣後法

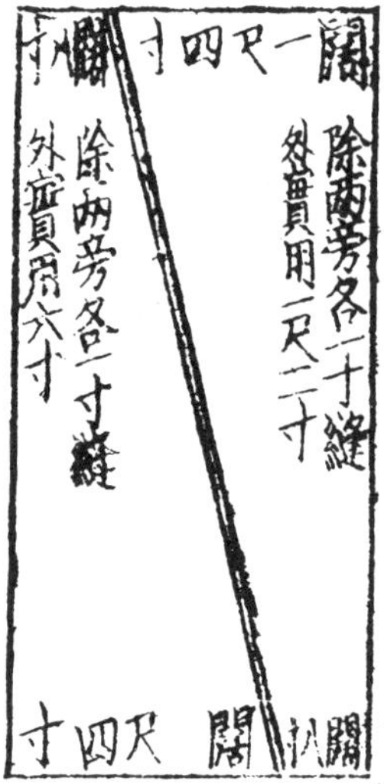

裁裳法

帶式

玉藻云天子素帶朱裏終辟諸侯素帶終辟大夫素帶辟垂注云大夫辟其紐及末士辟其末而已○按終充也辟緣也充辟謂盡緣之也紐兩耳也天子以素爲帶以朱爲裏從腰後至紳皆緣之也諸侯亦然但不朱裏耳大夫緣其兩耳及紳腰後即[illegible]緣也士垂緣其紳腰及兩耳皆不緣也

深衣制度此章本在冠禮之後今以前章已有其文又平日之常服故次前章

裁用白細布度用指尺。中指中節爲寸。

【附註】說文云周制寸尺咫尋皆以人之體爲法

衣全四幅其長過脅下屬於裳。用布二幅中屈下垂前後共爲四幅如今之直領衫但不裁破腋下其下過脅而屬於裳處約圍七尺二寸每幅屬裳三幅

裳交解十二幅上屬於衣其長及踝。用布六幅每幅裁爲二幅一頭廣一頭狹狹頭當廣頭之半以狹頭向上而連其縫以屬於衣其屬衣處約圍

上二

七尺二寸。每三幅屬衣一幅。共下邊及踝處。約圍丈四尺四寸

圓袂

用布二幅。各中屈之。如衣之長。屬於衣之左右而縫合。其下以爲袂。其本之廣如衣之長。而漸圓殺之。以至袂口。則其徑一尺二寸。

附註 左右袂。各用布一幅。屬於衣。又按深衣篇云袂之長短。反屈之及肘。夫袂之長短。以反屈及肘爲準。則未嘗以一幅爲拘。

方領

兩襟相掩。衽在腋下。則兩領之會自方。

曲裾

用布一幅。如裳之長。交解裁之。如裳之制。但以廣頭向上。布邊向外。左掩其右。交映垂之。如燕尾狀。又稍裁其內旁大半之下。令漸如魚腹。而末爲燕喙。內向綴於裳之右旁。禮記深衣續衽鉤邊鄭註鉤邊若今曲裾。

【附註】蔡淵云：司馬所載方領與續衽鉤邊之制，諸
議論詳而不畀古意，先生病之，嘗以理玩經文，與
身服之宜，而得其說。謂方領者，只是衣領既交，則
自有如矩之象。謂續衽鉤邊者，只是連續裳旁，無
前後幅之縫，左右交鉤，即爲鉤邊，非有別布一幅
裁之如鉤，而綴于裳旁也。方領之說，先生已修之
家禮矣，而續衽鉤邊則未及修焉。○愚按深衣制
度，惟續衽鉤邊一節難考。按禮記玉藻深衣疏，皇
氏、熊氏、孔氏三說皆不同。皇氏以喪服之衽廣頭
在上，深衣之衽廣頭在下，喪服與深衣二者相對
爲衽。孔氏以衣下屬幅而下，裳上屬幅而上，衣裳
二者相對爲衽。此其不同者一也。皇氏以衽爲裳
之兩旁，皆有。孔氏以衽爲裳之一邊所有。此其不
同者二也。皇氏所謂廣頭在上，爲喪服之衽者，熊

氏又以此爲齊祭服之衽一以爲吉服之衽一以
爲凶服之衽此其不同者三也家禮以深衣續衽
之制兩廣頭向上似與皇氏喪服之衽熊氏齊祭
服之衽相類此爲可疑是以先生晚歲所服深衣
去家禮舊說曲裾之制而不用蓋有深意恨未得
聞其說之詳也及得蔡淵所聞始知先師所以去
舊說曲裾之意後又取礼記深衣篇熟讀之始知
鄭康成註續衽二字文義甚明特疏家亂之耳按
鄭註曰續猶屬也衽在裳旁者也屬連之不殊裳
前後也鄭註之意蓋謂凡裳前三幅後四幅夫旣
分前後則其旁兩幅分開而不相屬惟深衣裳十
二幅交裂裁之皆名爲衽見玉藻衽當旁註所謂
續衽者指在裳旁兩幅言之謂屬連裳旁兩幅不
殊裳前後也疏家不詳攷其文義但見衽[illegible]旁

一句。意謂別用布一幅裁之如鉤而垂於裳旁。

生穿鑿。紛紛異同。愈多愈亂。自漢至今二千餘年。讀者皆求之於別用一幅布之中。而註之本義為其掩蓋而不可見矣。疏所以釋註也。今推尋鄭註本文其義如此。而皇氏熊氏等所釋。其繆如彼。皆可以一掃而去之矣。先師晚歲知疏家之失。而未及修定。愚故著鄭註於家禮深衣曲裾之下。以破疏家之繆。且以見先師晚歲已定之說云。

黑緣。緣用黑繒。領表裏各二寸。袂口裳邊表裏各一寸半。袂口布外別此緣之廣。

大帶。帶用白繒。廣四寸。夾縫之。其長圍腰而結於前。再繚之為兩耳。乃垂其餘為紳。下與裳齊。以黑繒飾其紳。復以五采條廣三分。約其相結之處。長與紳齊。

緇冠。糊紙為之。武高寸許。廣三寸。袤四寸。上為五梁。廣如

武之表而長八寸跨頂前後下著於武屈其兩端各半寸自外向内而黒漆之武之兩旁半寸之上竅以受笄笄用齒骨凡白物

幅巾。用黒繒六尺許中屈之右邊就屈處為横㡇左邊反屈之自㡇左四五寸間斜縫向左圜曲而下遂循左邊至于兩末復反所縫餘繒使之向裏以㡇當額前裹之至兩耳旁各綴一帶廣二寸長二尺自巾外過頂後相結而垂之

黒履。白絇繶純綦

附注先生論深衣曰去古益遠其冠服制度僅存而可見者獨有此耳然遠方士子亦所罕見往往人自為制詭異不經近於服妖甚可歎也

增注愚謂履之有絇謂履頭以條為鼻或用繒一寸屈之為絇所以受繫穿貫者也繶謂履縫中紃䋄也以白絲為下緣故謂之繶純者飾也綦屬於跟所以繫履者也

司馬氏居家雜儀此章本在昏禮之後。今按此乃家居平日之事。所以正倫理、篤恩愛者，其本皆在於此。必能行此，然後其儀章度數有可觀焉。不然，則節文雖具，而本實無取。君子所不貴也，故亦列於首篇，使覽者知所先焉。

凡爲家長，必謹守禮法，以御羣子弟及家衆。分之以職，謂使之掌倉廩、廄庫、庖廚、舍業、田園之類。授之以事，謂朝夕所幹及非常之事。而責其成功，制財用之節，量入以爲出，稱家之有無，以

給上下之衣食及吉凶之費皆有品節而莫不均壹裁省冗費禁止奢華常須稍存贏餘以備不虞

凡諸卑幼事無大小毋得專行必咨稟於家長易曰家人有嚴君焉父母之謂也安有嚴君在上而其下敢直行自恣不顧者乎雖非父母當時特爲家長者亦當咨稟而行之則號令出於一人家政始可得而治矣

凡爲子爲婦者毋得蓄私財俸祿及

田宅所入。盡歸之父母舅姑。當用則請而用之。不敢私假。不敢私與。內則曰子婦無私貨。無私畜。無私器。不敢私假。不敢私與。婦或賜之飲食衣服布帛佩帨茝蘭。則受而獻諸舅姑。舅姑受之則喜。如新受賜。若反賜之。則辭。不得命。如更受賜。藏之以待乏。鄭康成曰。待舅姑之乏也。不得命者。不見許也。又曰。婦若有私親兄弟。將與之。則必復請其故。賜而后與之。夫人子之身。父母之身也。身且不敢自有。況敢有私財乎。若父子異財。互相假借。則是有子富而父母貧者。父母飢而子飽。賈誼所謂借父耰鉏。慮有德色。母取箕帚。立而誶語。不孝不義。孰甚於此。茝昌改切。耰音憂。誶音碎。

凡子事父母。孫事祖父母同婦事舅姑。孫婦亦同天欲明。咸起。盥音管洗手也漱櫛阻瑟切梳頭也總。所以束髮今之頭濡具冠帶。丈夫帽子衫帶婦人冠子背子昧爽。謂天明暗相交之際適父母舅姑之所省問。丈夫唱喏婦人道萬福仍問侍者夜來安否何如侍者曰安乃退其或不安節則侍者以告此即禮之晨省也。父母舅姑起。子供藥物。藥物乃關身之切務人子當親自檢[illegible]調烹供進不可但委婢僕脫若有誤即[illegible]不測婦具晨羞。俗謂點心易曰在中饋詩云[illegible]是議乃烹調飲膳婦人之職[illegible]

婦女驕倨，皆不肯入庖廚，今縱不親執刀匕，亦當檢校監視，務令精潔。供具畢，乃退，各從其事。將食，婦請所欲於家長，謂父母舅姑，或當時家長也。卑幼各不得恣所欲。退具而供之。尊長舉筯，子婦乃各退就食。丈夫婦人各設食於他所，依長幼而坐。其飲食必均壹。幼子又食於他所，亦依長幼席地而坐。男坐於左，女坐於右。及夕食亦如之。既夜。父母舅姑將寢。則安置而退。丈夫唱喏婦女道安置此即禮之昏定也居閑無事。則侍於父母舅姑之所。容貌必恭。執事必謹。言語應對。必下氣怡聲。出入起居。必謹扶衛之。不敢涕唾喧呼於父母舅姑之側。父母舅姑不命之坐。不敢坐。不命之退。不敢退。

凡子受父母之命必籍記而佩之時省而速行之事畢則返命焉或所命有不可行者則和色柔聲具是非利害而白之待父母之許然後改之若不許茍於事無大害者亦當曲從若以父母之命爲非而直行己志雖所執皆是猶爲不順之子況未必是乎

凡父母有過下氣怡色柔聲以諫諫若不入起敬起孝悅則復諫不悅與其得罪於鄉黨州閭寧熟諫父母怒不悅而撻之流血不敢疾怨起敬起孝

凡為人子弟者不敢以富貴加於父兄宗族加謂恃其富貴不率卑幼之禮

凡爲人子者。出必告。反必面。有賓客不敢坐於正廳。有賓客坐於書院，無書院則坐於廳之旁側升降不敢由東階。上下馬。不敢當廳。凡事不敢自擬於其父

凡父母舅姑有疾。子婦無故不離側。親調嘗藥餌而供之。父母有疾。子色不滿容。不戲笑。不宴遊。舍置餘事。專

以迎醫檢方。合藥爲務。疾已復初。顔氏

家訓曰。父母有疾。子拜醫以求藥。蓋以醫者親之存亡所繫。豈可傲忽也。

凡子事父母。父母所愛亦當愛之。所敬亦當敬之。至於犬馬盡然。而况於人乎。

凡子事父母。樂其心。不違其志。樂其耳目。安其寢處。以其飲食忠養之。

事長賤雖貴皆倣此
凡子婦未敬未孝不可遽有憎疾姑
教之若不可教然後怒之若不可怒
然後笞之屢笞而終不改子放婦出
然亦不明言其犯禮也子甚宜其妻
父母不悅出子不宜其妻父母曰是
善事我子行夫婦之禮焉沒身不衰

凡爲宮室必辨內外深宮固門內外不共井不共浴堂不共厠男治外事女治內事男子晝無故不處私室婦人無故不窺中門男子夜行以燭婦人有故出中門必擁蔽其面如盖頭面帽之類男僕非有繕修及有大故謂水火盜賊之類不入中門入中門婦人必避之不可避

亦謂□如水火盜賊之類亦必以袖遮其面。女僕無故不出中門。有故出中門。亦必擁蔽其面。雖小婢亦然鈴下蒼頭但主通內外之言。傳致內外之物。毋得輒升堂室。入庖廚

凡卑幼於尊長。晨亦省問。夜亦安置。丈夫唱喏。婦人道萬福安置坐而尊長過之則起。出遇

尊長於塗則下馬。不見尊長經再宿以上則再拜。五宿以上則四拜。賀冬至正旦。六拜。朔望四拜。凡拜數或尊長臨時減而止之則從尊長之命。吾家同居宗族衆多。冬至朔望聚於堂上。此假設南面之堂若宅舍異制臨時從宜 丈夫處左西上。婦人處右東上。左右謂家長之左右 皆北向。共爲一

列各以長幼爲序。婦以夫之長幼爲序不以身之長幼爲序共
拜家長畢。長兄立於門之左。長姊立
於門之右。皆南向。諸弟妹以次拜訖
各就列。丈夫西上。婦人東上。共受卑
幼拜。以宗族多若人人致拜則不勝煩勞故同列共受之受拜訖先退
後輩立受拜於門東西。如前輩之儀
若卑幼自遠方至見尊長。遇尊長三

人以上同處者，先共再拜，敘寒暄，問起居訖，又三再拜而止。晨夜唱喏，萬福安置。若尊長三人以上同處，亦三而止，皆所以避煩也。

凡受女壻及外甥拜，立而扶之。扶謂攙策。外孫則立而受之可也。

凡節序及非時家宴，上壽於家長，卑幼盛服序立，如朔望之儀，先再拜，子弟之最長者一人進立於家長之前幼者一人搢笏執酒盞立於其左一人搢笏執酒注立於其右長者搢笏跪斟酒祝曰伏願某官備膺五福保族宜家尊長飲畢授幼者盞注反其故處長者出笏俛伏興退與卑幼皆再拜家長命諸卑幼坐皆再拜而坐

家長命侍者徧酢諸卑幼諸卑幼皆
起序立如前俱再拜就坐飲訖家長
命易服皆退易便服還復就坐
凡子始生若為之求乳母必擇良家
婦人稍溫謹者乳母不良非惟敗亂家法兼令所飼之子性行亦類之子
能食飼之教以右手子能言教之自
名及唱喏萬福安置稍有知則教之

以恭敬尊長。有不識尊卑長幼者，則嚴訶禁之。古有胎教，況於已生。子始生，未有知，固舉以禮，況於已有知。孔子曰：幼成若天性，習慣如自然。顏氏家訓曰：教婦初來，教子嬰孩。故於其始有知，不可不使之知尊卑長幼之禮。若侮詈父母，毆擊兄姊，父母不加訶禁，反笑而獎之。彼既未辨好惡，謂禮當然。及其既長，習已成性，乃怒而禁之，不可復制。於是父嫉其子，子怨其父，殘忍悖逆，無所不至。蓋父母無深識遠慮，不能防微杜漸，溺於小慈，養成其惡故也。

六歲教之數。謂一十百千萬與方名。謂東西南北男子始習書字。女子始習女工之小者。

七歲男女不同席不共食始誦孝經論語雖女子亦宜誦之自七歲以下謂之孺子早寢晏起食無時八歲出入門戶及即席飲食必後長者始教之以廉讓男子誦尚書女子不出中門九歲男子誦春秋及諸史始爲之講解使曉義理女子亦爲之講解論語

語孝經及列女傳女戒之類略曉大意（古之賢女無不觀圖史以自鑒如曹大家之徒皆精通經術議論明正今人或教女子以作歌詩執俗樂殊非所宜也）十歲男子出就外傅居宿於外讀詩禮傳爲之講解使知仁義禮知信自是以往可以讀孟荀揚子博觀羣書凡所讀書必擇其精要者而讀之（如禮記學記大學中庸樂記之類他書倣此）其異端非聖賢

之書。傳宜禁之。勿使妄觀。以惑亂其志。觀書皆通。始可學文辭。女子則教以婉娩聽從。娩音晚婉娩柔順貌及女工之大者。女工謂蠶桑織績裁縫及為飲膳不惟正是婦人之職兼欲使之知衣食所來之艱難不敢恣為奢麗至於纂組華巧之物亦不必習也未冠笄者。質明而起。總角頮面。頮音誨洗面也以見尊長。佐長者供養祭祀則佐執酒食。若既冠笄。則皆責以成人之禮。不得復言童幼矣。

凡內外僕妾雞初鳴。咸起櫛總盥漱衣服男僕灑掃廳事及庭鈴下蒼頭灑掃中庭。女僕灑掃堂室設倚卓陳盥漱櫛靧之具。主父主母既起則拂牀襞衾。襞音璧疊衣也侍立左右以備使令。退而具飲食。得間則浣濯紉縫。先公後私。及夜則復拂床展衾。當晝。內外僕妾。惟主人之命。各從其事。以供百役。凡女僕同輩。謂兄弟所使謂長者爲姊。後輩謂諸子舍所使謂前輩爲姨。內則云雖婢妾衣服飲食必後長者鄭康成曰人貴賤不可以無禮故使之序長幼務相雍睦。其有鬭爭者。主父主母聞之。即訶禁之。不止。即杖之。理曲者杖多。一止一不止。獨杖不止

者

凡男僕有忠信可任者，重其祿，能幹家事次之，其專務欺詐，背公徇私，屢爲盜竊，弄權犯上者，逐之

凡女僕年滿，不願留者，縱之，勤舊少過者，資而嫁之，其兩面二舌，飾虛造讒，離間骨肉者，逐之，屢爲盜竊者，逐

九一

七二

之放蕩不謹者逐之有離叛之志者
逐之

右通禮附註凡十一條

文公家禮卷第二

門人　楊復　劉垓孫　集註

冠禮第二

冠

附註　有言書儀中冠禮簡易可行者。先生曰：不獨書儀，古冠禮亦自簡易。

男子年十五至二十，皆可冠。

司馬公曰　古者二十而冠，所以責成人之禮，蓋將責爲人子、爲人弟、爲人臣、爲人少者之行於其人，故其禮不可以不重也。近世以來人情輕薄過十歲而總角者少矣彼責以四者之行豈知之哉往往自幼至長愚騃如一由不知成人之道故也今雖未能遽革且自十五以上俟其能通孝經論語粗知禮義然後冠之其亦可也**必父母無朞以上喪始可行之**。大功未葬亦不可行**前期三日主人告于祠堂**古禮筮日今不能然但正月內擇一日可也主人謂冠者之祖父自爲繼高祖之宗子者若非宗子則必繼高祖之宗子主之有故則命其次宗子若其父自主之告禮見祠堂章祝版前同但云某之子某若其之某親之子某年漸長成將以某月某日加冠於其首謹以後同若族人以宗子之命自冠其子其祝版亦以宗子爲主曰使介子某若宗子已孤而自冠則亦自爲主人深衣。前同。但云某將以其月某日加冠於首。謹以後同。

戒賓古禮筮賓。今不能然。但擇朋友賢而有禮者一人可也。是日主人深衣。詣其門。所戒者出見如常儀。啜茶畢。戒者起言曰。某有子某。若某之某親有子某。將加冠於其首。願吾子之教之也。對曰。某不敏。恐不能供事。以病吾子。敢辭。戒者曰。願吾子之終教之也。對曰。吾子重有命。某敢不從。地遠則書初請之辭為書。遣子弟致之。所戒者辭。使者固請。乃許。而後書曰。吾子有命。某敢不從。○若宗子自冠。則戒辭但曰。某將加冠於首。後同。

前一日宿賓。遣子弟以書致辭曰。來日某將加冠於子某。若某親某之子某之首。吾子將涖之。敢宿。某上某人。答書曰。某敢不夙興。某上某人。○若宗子自冠。則辭之所改。如其戒賓。

陳設設盥帨於廳事。如祠堂之儀。以帟幕

爲房於廳事之東北或廳事無
两階則以堊畫而分之後放此

附註司馬公曰古禮謹嚴之事皆行之於廟今人
既少家廟其影堂亦褊隘難以行禮但冠於外廳
笄在中堂可也士冠禮設洗直於東榮南北以堂
深水在洗東今私家無罍洗故但用盥盆帨巾而
已盥濯手也帨手巾也廳事無两階則分其中央
以東者爲阼階西者爲賓階無室無房則暫以帟
幕截其北爲室其東北爲房
此皆據廳堂南向者言之

厥明夙興陳冠服。有官者公服帶靴笏無官
者襴衫帶靴通用皁衫深
衣大帶履櫛總掠皆以卓子陳於房中東領北上
盞盤亦以卓子陳于服北幞頭帽子冠笄并巾各

盛之冡以帕以卓子陳于西階下執事者一人守之長子則布帛于阼階上之東少北西向衆子則少西也

○宗子自冠則如長子之席少南

（附註）程子曰今行冠禮若制古服而冠冠了又不常著却是僞也必須用時之服

主人以下序立主人以下盛服就位主人阼階下少東西向子弟親戚童僕在其後重行西向北上擇子弟親戚習禮者一人爲儐立於門外西向將冠者雙紒四揆衫勤帛来寝在房中南面若非宗子之子則其父立於主人之右尊則少進卑則少退○宗子自冠則服如將冠者而就主人之位

賓至主人迎入升堂賓自擇其子弟親戚習禮者爲贊冠者俱盛服

至門外東面立贊賓者在右少退儐者入告主人主人出門左西向再拜賓答拜主人揖贊者贊者報揖主人遂揖而行賓贊從之入門分庭而行揖讓而至階又揖讓而升主人由阼階先升少東西向賓由西階繼升少西東向贊者盥帨由西階升立於房中西向儐者筵于東序少北西面將冠者出房南面○若非宗子之子則其父從出迎賓入從主人後賓而升立於主人之右如前

賓揖將冠者就席。

爲加冠巾冠者適房服深衣納履出。

賓揖將冠者立于席右向席贊者取櫛㨾掠置于席左興立於將冠者之左賓揖將冠者即席西向跪贊者即席如其向跪爲之櫛合紒施掠賓乃降主人亦降賓盥畢主人揖升復位執事者以冠巾盤進賓降一等執

笄絣之。王一察徐詣將冠者前向之祝曰吉月令日始加
元服棄爾幼志順爾成德壽考維祺以介景福乃詣
之贊者以巾跪進賓受加之興復位揖冠者適房釋
四揆衫服深衣加大帶納履出房正容南向立良久
附註 書儀始加以巾家禮又以元以
冠笄乃加巾者蓋冠笄正是古禮
若宗子自冠則賓揖之就席
賓降盥畢主人不降餘並同 **再加帽子服皂衫。**
革帶繫鞋。 賓揖冠者即席跪執事者以帽子盤進 賓降二等受之執以詣冠者前祝之曰
吉月令辰乃申爾服謹爾威儀淑順爾德眉壽永年享
受斯服乃跪加之興復位揖冠者適房釋深衣服皂衫
革帶繫鞋
出房立

【附註】儀禮書儀

再加賓盥如初

三加幞頭。公服。革帶。納靴執笏。若襴衫納靴。禮如再加。惟執事者以幞頭盤進。賓降沒階受之。祝辭曰。以歲之正。以月之令。咸加爾服。兄弟具在。以成厥德。黃耇無疆。受天之慶。賛者徹帽。賓乃加幞頭。執事者受帽徹櫛入于房。餘並同

【附註】儀禮書儀

三加賓盥如初

乃醮長子則儐者改席于堂中間少西南向。衆子則仍故席。賛者酌酒于房中。出房立于冠者之左。賓揖冠者就席右南向。乃取酒就席前北向祝之曰。旨酒既清。嘉薦令芳。拜受祭之。以定爾祥。承天之休。壽考

不忘。冠者再拜，升，席南向，受盞。賓復位，東向答拜。冠者進席前，跪祭酒，興，就席末，跪啐酒，興，降席，授贊者盞，南向再拜。賓東向答拜。冠者遂拜贊者，贊者賓左東向少退答拜。

【附註】司馬公曰：古者冠用醴，或用酒。醴則一獻，酒則三醮。今私家無醴，以酒代之，但改醴辭甘醴惟厚爲旨酒既清耳，所以從簡。

【增註】其曰醮者，即禮記所謂醮於客位，加有成也。

賓字冠者。賓降階東向，主人降階西向，冠者降自西階，少東南向。賓字之曰：禮儀既備，令月吉日，昭告爾字。爰字孔嘉，髦士攸宜。宜之于嘏，永受保之。曰伯某父，仲叔季唯所當。冠者對曰：某雖不敏，敢不夙夜祗奉。賓或別作辭命以字之之意亦可。

出就次。賓請退，主人請禮賓。賓出就次。

主

人以**冠者見于祠堂**。如祠堂章內生子而見之儀，但改告辭曰：某之子某、若某親某之子某，今日冠畢，敢見。冠者進立於西階間，再拜，餘並同。○若宗子自冠，則改辭曰：某今日冠畢，敢見。遂再拜，降復位，餘並同。○若冠者私室有曾祖位以下祠堂，則各因其宗子而見。自爲繼曾祖以下之宗，則自見。

冠者見于尊長。父母堂中南面坐，諸叔父兄在東序，諸叔父南向，諸兄西向，諸婦女在西序，諸叔母姑南向，諸姊嫂東向。冠者北向拜父母，父母爲之起。同居有尊長，則父母以冠者詣其室拜之，尊長爲之起。還就東西序，每列再拜，應答拜者答拜。若非宗子之子，則先見宗子及諸尊於父母於堂，乃就私室見於父母及餘親。○若宗子自冠，有母則見於母如儀，族人宗之者皆來見於堂上[illegible]西

向拜其尊長母列

再拜受卑幼者拜

附註 司馬公曰冠義曰見於母母拜之見於兄弟兄弟拜之成人而與爲禮也今則難行但於拜時母爲之起立可也下見諸父及兄倣此

乃禮賓。主人以酒饌延賓及儐贊者酬之以幣而拜謝之幣多少隨宜賓贊有差

附註 司馬公曰士冠禮乃礼賓以一獻之礼註一獻者獻酢酬賓主人各兩爵而禮成又曰主人酬賓束帛儷皮註束帛十端也儷皮兩鹿皮也又曰贊者皆與贊冠者爲介註介賓之輔以贊爲之尊之也鄉飲酒禮賢者爲賓其次爲介又曰賓出主人送于門外再拜歸賓俎註使人歸諸賓家也今

慮貧窶家不能辦。故務從簡易

冠者遂出見于鄉先生及父之執友冠者拜先生執友皆答拜若有誨之則對如對賓之辭且拜之先生執友不答拜。

笄

女子許嫁笄。年十五雖未許嫁亦笄母為主。宗子主婦則於中堂非宗子而與宗子同居則於私室與宗子不同居則如上儀。

前期三日戒賓。一日宿賓。賓亦擇親姻婦女之賢而有禮者為之以牋紙書其辭使人致之辭如冠禮，但子作女，冠作笄，吾子作某親或其封。○凡婦人自稱於己之尊長則曰兒，卑幼則以屬；於夫黨尊長則曰新婦，卑幼則曰老婦；非親戚而往來者，各以其黨爲稱。後放此。**陳設**。如冠禮，但於中堂布席於衆子之位。**厥明陳服**。如冠禮，但用背子、冠笄。**序立**。主婦如主人之位，將笄者雙紒衫子，房中南向。**賓至，主婦迎入，升堂**。如冠禮，但不用贊者，主婦升自阼階。**賓爲將笄者加冠笄，適房服背子**。略如冠禮，但祝用始加之辭，不能則省。**乃醮**。如冠禮，辭亦同。**乃字**。如冠禮，但改祝辭髦士爲女士。**乃禮賓，皆如冠儀**。

右冠禮附註凡九條

文公家禮行冠禮圖

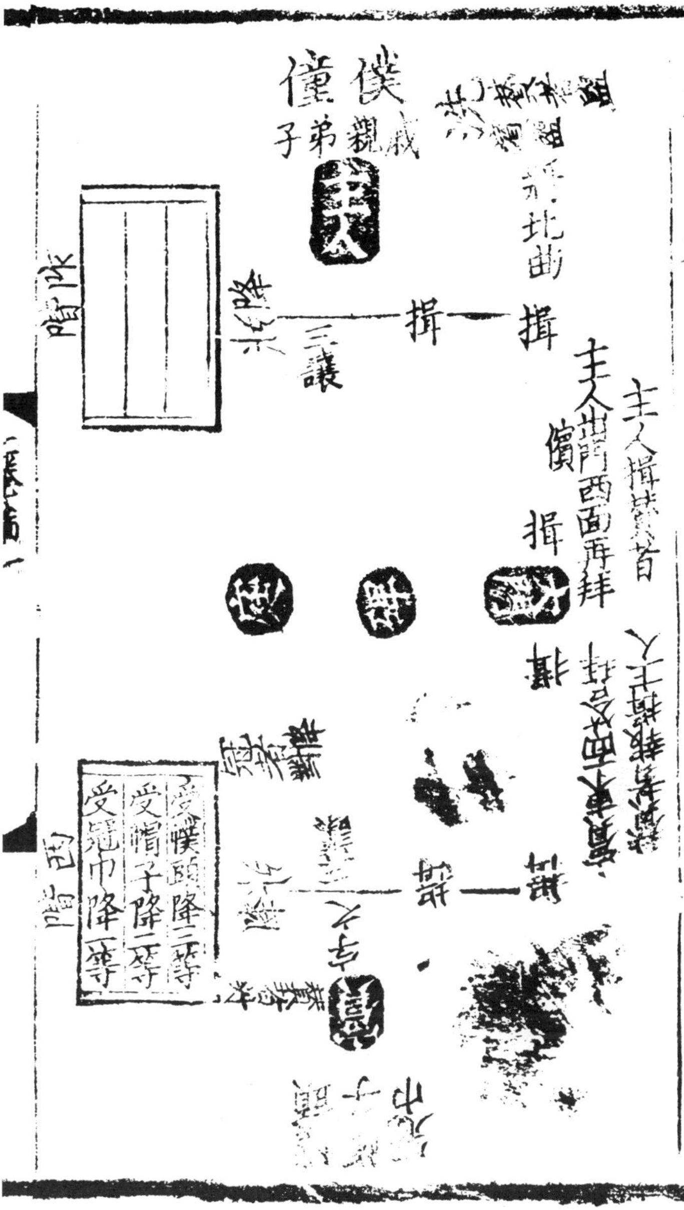

東序少北此冠義所謂冠于阼也

東序者主人位在東序端辟主人也

冠者

櫛
纚
笄

冠者出房南面

冠者

贊者

櫛
纚
笄

醮

祝三加同上儀

賓

房

冠者適房

初服深衣

再服皁衫

三服公服

贊者西面

双紒

勒帛

采屐

記云適子冠於阼以著代也醮於客位加有成也

記云適子冠於阼以著代也醮於客位三加彌尊喻其志也

記云適子冠於阼以著代也冠於房外南面非代故也記云醮於客位者成也是適子於客位成而尊之此則成而不尊故

冠者拜受酒祭卒降拜

醮

授酒

賓

東面答拜

室

以西堂西乃賓客之位此冠義所謂醮於客位

疏云必以西為客位者地道尊右故也

文公家禮卷第三

門人楊復劉垓孫集註

昏禮第三

議昏

男子年十六至三十女子年十四至二十。司馬公曰古者男三十而娶女二十而嫁今令文男年十五女年十三以上並聽昏嫁今爲此說所以參古今之道酌禮令之中順天地之理合人情之宜也身及主昏者無朞以上喪乃可成昏。大功未葬亦未可主昏。○凡主昏如冠禮主人之法但宗子自昏則以族人之長爲主。必先使媒氏往來通言。俟女氏許之然後納采。司馬公曰凡議昏姻當先察其壻與婦之性行及家法何如勿苟慕其富貴壻苟賢矣今雖貧賤安知異時不富貴乎苟爲不肖今雖富貴安知異時不貧賤乎婦者家之所由盛衰也苟慕其一時之富貴而娶之彼挾其富貴鮮有不輕其夫而傲其舅姑養成驕妬之性異日爲患庸有極乎借使因婦財以致富依婦勢以取貴苟有丈夫之志氣者能無愧乎又世俗好於襁褓童幼之時輕許爲昏亦有指腹爲昏者及其既長或不肖無頼或身有惡疾或家貧凍餒或喪服相

仍或從宦遠方遂至棄信負約速獄致訟者多矣故
先祖太尉嘗曰吾家男女必俟既長然後議昏是以通書
不數月必成昏故終身無
此悔乃子孫所當法也

納采納其采擇之禮即今世俗所謂言定也

主人具書。主人即主昏者書用牋紙如世俗之禮若族人之子則其父具書告于宗子

夙興。奉以告于祠堂。如告冠儀其祝版前同但云某之子某若某之某親之子某年已長成未有伉儷已議娶某官某郡姓名之女今日納采不勝感愴謹以後同○若宗子自昏則自告

乃使子弟為使者如女氏。女氏主

人出見使者。使者盛服如女氏女氏亦宗子爲主人盛服出見使者非宗子之娶則其父位於主人之右尊則少進卑則少退啜茶畢使者起致辭曰吾子有惠貺室某也某之某親某官有先人之禮使某請納采從者以書進使者以書授主人主人對曰某之子若妹姪孫惷愚又弗能教吾子命之某不敢辭北向再拜使者避不答拜使者請退俟命出就次若許嫁者於主人爲姑姊則不云惷愚又弗能教餘辭並同遂奉書以告于祠堂。如婿家之儀祝版前同但云某之第幾女若某親某之第幾女年漸長成已許嫁某官某郡名之子若某親某今日納采不勝感愴謹以後同出以復書授使者。遂禮之主人出延使者升堂授以復書

使者受之，請退，主人請禮賓，乃以酒饌禮所[illegible]

是始與主人交拜揖，如常日賓客之禮。其從者

別室皆酬以幣。

使者復命壻氏，主人復以告于

祠堂。不用祝。

納幣。古禮有問名納吉，今不能盡用，止用納采納幣，以從簡便。

納幣。幣用色繒，貧富隨宜，少不過兩，多不踰十。今人更用釵釧羊酒果實之屬，亦可。具書

遣使如女氏。女氏受書，復書，禮賓，使

者復命，並同納采之儀。禮如納采，但不告廟。使者致辭[illegible]

爲幣。從者以書幣進。使者以書授主人。主人對曰。吾子順先典。貺某重禮。某不敢辭。敢不承命。乃受書。執事者受幣。主人再拜。使者避之。復進請命。主人授以復書。餘並同。

【附註】昏禮。有納采。問名。納吉。納徵。請期。親迎。六禮。家禮略去問名納吉。止用納采納幣。以從簡便。但親迎以前。更有請期一節。有不可得而略者。今以例推之。請期具書。遣使如女氏。女氏受書復書禮賓。使者復命。並同納采之儀。使者致辭曰。吾子有賜命。某既申受命矣。使某也請吉日。主人曰。某既前受命矣。唯命是聽。賓曰。某命某聽命於吾子。主人曰。某固惟命是聽。賓曰。某受命。吾子不許。某不告期。曰某日。主人曰。某敢不謹須。餘並同

親迎

附註 先生曰。親迎之禮。恐從伊川之說爲是。近則迎於其國。遠則迎於其館。○又曰。今妻家遠。要行禮。一則今妻家就近處設一處。却就彼迎歸行禮。今按此說有欠字。當云就近處設一處爲壻之館。壻往至女家。迎歸所館行禮。一則妻家出至一處。壻即就彼迎歸。至家成禮。○有問昏禮。今有十人。對俗人結姻。七人欲行昏禮。而彼家不從。如何。先生曰。這也只得宛轉使人去與他商量。但古禮也省徑。人何苦不行。

前期一日。女氏使人張陳其壻之室。

世俗謂之鋪房，然所張陳者但氊褥帳幔帷幕應用之物，其衣服鎖之篋笥，不必陳也。○司馬公曰：文中子曰：昏娶而論財，夷虜之道也。夫昏姻者，所以合二姓之好，上以事宗廟，下以繼後世也。今世俗之貪鄙者，將娶婦，先問資裝之厚薄；將嫁女，先問聘財之多少，至於立契約云某物若干，某物若干，以求售其女者，亦有既嫁而復欺紿負約者，是乃駔儈鬻奴賣婢之法，豈得謂之士大夫昏姻哉。其舅姑既被欺紿，則殘虐其婦，以攄其忿。由是愛其女者，務厚其資裝，以悅其舅姑者，殊不知彼貪鄙之人，不可盈厭，資裝既竭，則安用汝女哉。於是質其女以責貨於女氏，貨有盡而責無窮，故昏姻之家往往終為仇讎矣。是以世俗生男則喜，生女則戚，至有不舉其女者，用此故也。然則議昏姻有及於財者，皆勿與為昏姻可也。

厥明，壻家設

位于室中。設倚卓子兩位東西相向蔬果盤盞匕筯如賓客之礼酒壺在東位之後又以卓子置合巹一於其南又南北設二盥盆勺於室東隅又設酒壺盞注於室外或別室以飲從者巹音謹匏一判而兩之。女家設次于外。○初昏。壻盛服。世俗新壻帶花勝以擁蔽其面殊失丈夫之容體勿用可也。

附註 先生曰昏礼用命服乃是古礼如士乘墨車而執鴈皆大夫之礼也冠帶只是燕服非所以重正昏礼不若從古之為正

主人告于祠堂。如納采儀祝版前同但云某之子某若某親之子某將以今日親迎于其宮某郡某氏不勝感愴。
謹以後同若宗子自昏則自告。

附 先生曰儀禮雖无娶妻告廟之文而左傳曰圍布几筵告于莊共之廟是古人亦有告廟之禮

○問今婦人入門即廟見蓋舉世行之近見濂思諸賢頗信左氏先配後祖之說豈後世紛紛之言不足據莫若從古為正否先生曰左氏固難盡信然其後說親迎處亦有布几筵告廟而來之說恐所謂後祖者譏其失此禮耳。

遂醮其子而命之迎。先以卓子設酒注盤盞於堂上主人盛服坐於堂之東序西向設壻席於其西北南向壻升自西階立於席西南向贊者取盞斟酒執之詣壻席前壻再拜升席西向受盞跪祭酒興就席末跪啐酒興降席西授贊者盞又再拜進詣父坐前東向跪父命之曰往迎爾相承我宗事勉率以敬若則有常壻曰諾惟恐不堪不敢忘命俛伏興出非宗子之子則宗子告于祠堂而其父醮于私室如儀但改宗事為家事

若宗子已孤而自昏則不用此礼

附註　司馬公曰賛者兩家各擇親戚婦人習於礼者為之凡壻及婦人行礼皆賛者相導之

壻出乘馬以二燭前導**至女家俟于次**壻下馬于大門外入俟于次

女家主人告于祠堂如納采儀祝版前同但云某之第幾女若某親某之第幾女將以今日歸于某官某郡姓名不勝感愴謹以後同

遂醮其

女而命之。女盛飾，姆相之，立於室外南向。父坐東序西向，母坐西序東向，設女席於母之東北南向。贊者醮以酒，如壻禮。姆導女出於母左。父起命之曰：敬之戒之，夙夜無違舅姑之命。母送至西階上，為之整裙斂帔，命之曰：勉之敬之，夙夜無違爾閨門之禮。諸母姑嫂姊送至于中門之內，為之整裙衫，申以父母之命曰：謹聽爾父母之言，夙夜無愆。非宗子之女，則宗子告于祠堂，而其父醮於私室，如儀。

主人出迎，壻入奠鴈。主人迎壻于門外，揖讓以入。壻執鴈以從，至于廳事。主人升自阼階，立西向。壻升自西階，北向跪，置鴈於地。主人侍者受之。壻俛伏，興，再拜。主人不答拜。若族人之女，則其父從主人出迎，立於其右。尊則少進，卑則少退。凡贄用鴈，左首，以生色繒交絡之，無則刻木為之。取其[illegible]

則□求之儀，世子
門以北，不再偶也。
附註 愚按《儀禮·士昏禮》親迎于禰廟，主人玄端迎
于大門外，西面再拜，賓東面答拜，主人揖入，賓
鴈從，至于廟門，揖入，三揖至于階，三讓，主人升，賓
升北面奠鴈。今不立廟制，雖不親迎于廟，而劉[illegible]
先生定龔氏親迎禮，主人迎于門外，西面再拜，賓
東面答拜，主人揖入，三揖三讓，主人升，西面，賓升
北面奠鴈，今宜從之。或者疑主人迎賓于門外，西
面再拜，賓東面答拜，父爲主人，是以妻父與女壻
有拜答拜之禮，可乎？此蓋不知古人重大昏之始
之意也。冠禮見於母，母拜之；見於兄弟，兄弟拜之。
母之於子，兄之於弟，且有拜，所以重成人之始。故
曰成人而與爲禮也。知古人重成人之始之意，則

知古人重大昏之始之意矣

姆奉女出登車。姆奉女出中門壻揖之降自西階主人不降壻遂出女從之壻舉轎簾以俟姆辭曰未教不足與為禮也女乃登車壻乘馬先婦車。婦車亦以二燭前導。

附註司馬公曰男率女女從男夫婦剛柔之義自此始也。

至其家導婦以入。壻至家立于廳事俟婦下車揖之導以入[illegible]

婦交拜。婦從者布壻席於東方壻從者布婦席於西方壻盥于南婦從者沃之進帨[illegible]

出。壻從者沃之。進帨。壻

揖婦就席。婦拜。壻答拜。

附註司馬公曰：從者皆以其家之女僕爲之。女從

者沃壻盥於南，壻從者沃女盥於北。夫婦初接，情

有廉恥，從者交導其志。○又曰：女子與丈夫爲禮

則俠拜。男子以再拜爲禮，女子以四拜爲禮。古無

壻婦交拜之儀，今世俗始相見交拜，

致恭亦事理之宜，不可廢也。俠音夾

就坐飲食畢，壻出。

壻揖婦就坐。壻東，婦西。從

者斟酒設饌。壻婦祭酒舉

殽。又斟酒，壻揖婦舉飲，不祭無殽。又取巹分置壻婦之

前，斟酒，壻揖婦舉飲，不祭無殽。壻出就他室，姆與婦留

室中，徹饌置室外，設席，壻從者

餕婦之餘，婦從者餕壻之餘。

附註司馬公曰古者同牢之禮壻在西東面婦在東西面蓋古人尚右故壻在西尊之也今人既尚左且從俗

復入脫服燭出壻脫服婦從者受之婦脫服壻從者受之○司馬公曰古詩云結髮為夫婦言自小年束髮即為夫婦猶李廣言結髮與匈奴戰也今世俗昏姻乃有結髮之禮謬誤可笑勿用可也

主人禮賓男賓於外廳女賓於中堂註曰古禮明日饗送者今從俗

附註司馬公曰不用樂註云曾子問曰取婦之家三日不舉樂思嗣親也今俗昏禮用樂殊為非礼○又先生曰人著書只是自入些己意便做病司馬文正公與伊川定昏禮都是依儀礼只於今人[illegible]

處便不是古人意。司馬禮云：親迎奠鴈，見主昏者即出，不先見妻父母者，以婦未見舅姑也。昏禮如此。伊川却教拜了，又入堂，拜大男小女，這不是。伊川云：壻迎婦既至，即揖入內，次日見舅姑，三月而廟見，是古禮。司馬禮却說婦入門即拜影堂，這又不是。古人初未成服，次日方見舅姑，蓋先得於夫，方可見舅姑。到兩三月，得舅姑意了，舅姑方令見祖廟。某思量今亦不能三月之久，亦須第二日見舅姑，第三日廟見，乃安。○又曰：某定昏禮，親迎用溫公，入門以後則從伊川。大槩如此。

婦見舅姑

明日夙興，婦見于舅姑。婦夙興盛服，俟見。舅姑坐於堂上東西相向各置卓子於前家人男女少於舅姑者立於兩序如冠禮之叙婦進立於阼階下北面拜舅舅升奠贄幣于卓子上舅撫之侍者以入婦降又拜畢詣西階下北面拜姑升奠贄幣姑舉以授侍者婦降又拜○若非宗子之子而與宗子同居則先行此禮於舅姑之私室與宗子不同居則如上儀

附註司馬公曰古者拜于堂上今拜于下恭也可從衆

舅姑禮之如父母醮女之儀

婦見于諸尊長婦既受禮降自西階同居有尊於舅姑者則舅姑以婦見於其室如見舅姑之禮還拜諸尊長于兩序如冠禮無贄小郎小姑皆相拜非宗子之子而與宗子同居則既受禮詣其堂上拜之如舅姑禮而還見于兩序其宗子及尊長

不同居則廟亦見而後往

若冢婦則饋于舅姑是日食時婦家具盛饌酒壺婦從者設蔬果卓子于堂上舅姑之前設盥盆于阼階東南帨架在東舅姑就坐婦盥升自西階洗盞斟酒置舅卓子上降俟舅飲畢又拜遂獻姑進酒姑受飲畢婦降拜遂執饌升薦于舅姑之前侍立姑後以俟卒食徹饌侍者徹餘饌分置別室婦就餕姑之餘婦從者餕舅之餘壻從者又餕婦之餘非宗子之子則於私室如儀

附註司馬公曰士昏禮婦盥饋特豚合升側載註側載者右胖載之舅俎左胖載之姑俎今恐貧者不辦殺特故但具盛饌而已

舅姑饗之婚禮婦之儀禮畢舅姑先降自西階婦降自阼階

廟見

三日主人以婦見于祠堂古者三月而廟見今以其太遠改用三日如子冠而見之儀但告辭曰子某之婦某氏敢見餘並同

（附說）問既為婦便當廟見必待三月之久何邪先生曰三月而後事定三月以前恐更有可去等事至三月不可去則為婦定矣故必三月而後廟見

壻見婦之父母

明日壻往見婦之父母。婦父迎送揖讓如客禮，拜即跪而扶之。入見婦母，婦母闔門左扉，立于門內，壻拜于門外，皆有幣。婦父非宗子，即先見宗子夫婦，不用幣，如上儀，然後見婦之父母。

次見婦黨諸親。不用幣，婦女相見如上儀。

婦家禮壻如常儀。親迎之夕不當見婦母及諸親，及設酒饌，以婦未見舅姑故也。

右昏禮附註凡十三條

文公家禮卷第三

文公家禮卷第四

門人楊復劉垓孫集註

喪禮第四

初終

疾病遷居正寢。凡疾病遷居正寢內外安靜以俟氣絕男子不絕于婦人之手婦人不絕於男子之手。既絕乃哭。

附註 高氏說曰廢牀寢於地註人始生在地故廢牀寢於地庶其生氣之復也本出儀礼及礼記喪

大記。

復

侍者一人以死者之上服嘗經衣者左執領右執要升屋中霤北面招以衣三呼曰某人復畢卷衣降覆尸上男女哭擗無數○上服謂有官則公服無官則襴衫皂衫深衣婦人大袖背子呼某人者從生時之號。

（附注）高氏曰今浙南風俗民有暴死則使數人升其居屋及於路傍遍呼之亦有蘇活者豈復之餘意歟

立喪主

○凡主人謂長子無則長孫承重以奉饋奠其與賓客為禮則同居之親且尊者主之

（附注）司馬公曰凡主人當以長子為之無長子則長孫承重奔喪曰凡喪父在父為主註與賓客為

禮宜使尊者。又曰父沒兄弟同居各主其喪。註各為妻子之喪為主也。又曰親同長者主之。註昆弟之喪宗子主之。又曰不同親者主之。註從父昆弟之喪也。雜記曰姑姊妹其夫死而夫黨無兄弟使夫之族人主喪妻之黨雖親弗主。夫若無族矣則前後家東西家。無有則里尹主之。喪大記曰喪有無後無無主。若子孫有喪而祖父主之。子孫執喪。祖父拜賓。

主婦。謂亡者之妻。無則主喪者之妻。**護喪**。以子弟知禮能幹者為之。凡喪事皆禀之。**司書司貨**。以子弟或吏僕為之。**乃易服不食**。妻子婦妾皆去冠及上服被髮。男子扱上衽。徒跣。餘有服者皆去華飾。為人後者。為本生父母及女子已嫁者。皆不被髮徒跣。諸子三日不食期九月之喪三不食五月三月之喪再不食親戚鄰里爲糜粥以食之尊長強之少食可也。扱上衽謂插衣前襟之帶并飾謂錦繡紅紫金玉珠翠之類。

治棺。

護喪命匠擇木爲棺油杉爲上柏次之土杉爲下其制方直頭大足小僅取容身勿令高大及爲虛簷高足內外皆用灰漆內仍用瀝清溶瀉厚半寸以上煉熟秫米灰鋪其底厚四寸許加七星板底四隅各釘大鐵環動則以大索貫而舉之。**司馬公曰**棺欲厚然太厚則重而難以致遠又不必高大占地使壙中寬易致摧毀宜深戒之槨雖聖人所制自古用之然板木歲久終歸腐爛徒使壙中寬大不能牢固不若不用之爲愈也孔子葬鯉有棺而無槨又許貧者還葬而無槨今不欲用非爲貧也乃欲保安亡者耳。**程子曰**雜書有松脂入地千年爲茯苓万年爲琥珀之說蓋物莫久於此。故以塗棺。

古人已有用之者。

【附註】【高氏曰】伊川先生謂棺之合縫以松脂塗之。則縫固而木堅。註云：松脂與木性相入而又利水。蓋今人所謂瀝青者是也。須以少蚌粉、黃蠟、清油合煎之乃可用。不然則裂矣。其棺槨之閒亦宜以此灌之。○【胡泳曰】松脂塗縫之說未然。先生葬時，蔡氏兄弟主用松脂。嘗問用黃蠟麻油否。答云：用油蠟則松脂不得全其性矣。此言有理。但彭止堂作訓蒙云：灌以松脂宜於北方，江南用之適為蟻房。彭必有攷，更詳之。

訃告于親戚僚友。 護喪、司書為之發書。若無則主自訃親戚，不訃僚友。

自餘書問悉停。以書來弔者，並須卒哭後答之。

沐浴。襲。奠。為位。飯含。

執事者設幃及牀，遷尸，掘坎。執事者以幃幃卧內。侍者設床於尸牀前，縱置之，施簀席褥枕，遷尸其上，南首，覆以衾。掘坎於屏處潔地。

陳襲衣以卓子陳于堂前東壁下，西領南上。幅巾一，充耳二，用白纊如棗核大，所以塞耳者也。幎目帛方尺二寸，所以覆面者也。握手帛長尺二寸，廣五寸，所以裹手者也。深衣一，大帶一，履一，袍襖、汗衫、袴襪、勒帛、裹肚之類，隨所用之多少。

附註儀禮士喪禮襲衣三稱衣單複具曰稱三稱者爵弁服皮弁服褖衣設冒櫜之註云冒韜尸者制如直囊上曰質下曰殺其用之先以殺韜足而上後以質韜首而下齊手君錦冒黼殺綴旁七大夫玄冒黼殺綴旁五士緇冒赬殺綴旁三凡冒質長與手齊殺三尺

沐浴飯含之具。以卓子陳于堂前西壁下南上錢三實于小箱米二升以新水淅令精實于盆櫛一沐巾一浴巾二上下體各用其一也

乃沐浴。主人以下皆出帷外北面侍者沐髮櫛之晞以巾撮為髻抗衾而浴拭以巾剪爪并沐浴餘水巾櫛棄于坎而埋之

襲侍者設襲牀於帷外施薦席褥枕先置大帶深衣袍襖汗衫袴襪勒帛裹肚之類於其上遂舉以入置浴牀之

桂四 明 大一頁·丑·十三

西遷尸其上。悉去病時衣。及復衣。易以新衣。但未著幅巾深衣履。

徙尸牀。置堂中間。卑幼則各於室中間。餘言堂者放此。

乃設奠。執事者以卓子置脯醢。升自阼階。祝盥手。洗盞斟酒。奠于尸東。當肩巾之。○祝以親戚爲之。

主人以下爲位而哭。主人坐於牀東奠北。衆男應服三年者。坐其下。皆藉以藁。同姓期功以下。各以服次坐于其後。皆西面南上。尊行以長幼坐于牀東北壁下。南向西上。藉以席薦。主婦衆婦女坐于牀西。藉以藁。同姓婦女以服爲次坐于其後。皆東向南上。尊行以長幼坐于牀西北壁下。南向東上。藉以席薦。妾婢立于婦女之後。別設幃以障內外。異姓之親。丈夫坐于帷外之東。北向西上。婦人坐於帷外之西。北向東上。皆藉以席。以服爲行。無服在後○其內喪則同姓丈夫尊卑坐于帷外之東北向西上異姓丈夫坐于帷外之西北向東上○三年之喪夜則寢於尸旁藉藁枕塊羸病者藉以草薦可也期以下寢於側近男女異室外親歸家可也

飯含主人哭盡哀左袒自前扱於腰之右盥手執箱以入侍者一人插匙于米碗執以從置于尸西徹枕以幎巾覆面主人就尸東由足而西牀上坐東面舉巾以匙抄米實于尸口之右并實一錢又於左於中亦如之主人襲所袒衣復位

侍者卒襲覆以衾○加幅巾充耳設幎目納履乃襲深衣結大帶設握手乃覆以衾

附註司馬公曰古者死之明日小斂又明日大斂顛倒衣裳使之正方束以絞紟韜以衾冒皆所以

保其肌體也今世俗有襲而無大小斂所闕多矣然古者士襲衣三稱大夫五稱諸侯七稱公九稱小斂尊卑通用十九稱大斂士三十稱大夫五十稱君百稱此非貧者所辦也今從簡易襲用衣一稱小大斂則據死者所有之衣及親友所禭之衣隨宜用之若衣多不必盡用也**高氏曰**禮士襲衣三稱而子羔之襲也衣三稱孔子之喪公西赤掌殯葬焉襲衣十一稱加朝服一**雜記曰**士襲九稱蓋襲數之不同如此大抵衣衾惟欲其厚耳衣衾亦所以厚者豈徒以設飾哉蓋人死斯惡之矣聖人不忍言也但制爲典禮使厚其衣衾而已今世之襲者不知此意或止用單袷一稱雖富貴之家衣衾畢備皆不以襲斂又不能謹藏古人遺衣裳必置於靈座既而藏於櫥中乃或相與分[illegible]甚至

輒斟宜貲財以充喪費徒加功於無用擯財於無謂而所以附其身者曾不之慮嗚呼又孰若用以襲斂而使亡者獲厚庇於九泉之下哉○愚按高氏一用禮經而襲斂用衣之多故襲有冒小斂有布絞大斂有布絞布紟所以保其肌躰者固矣司馬公欲從簡易而襲斂用衣之少故小斂雖有布絞而襲則無冒大斂則無紟絞此爲疎略先生初述家礼皆取司馬公書儀後與斈者論礼以高氏爲礼爲最善遺命治喪俾用儀礼此可以見其去取折衷之意矣況夫古者襲斂用衣之多故古有襚禮衣服曰襚士喪禮親者襚庶兄弟襚朋友襚又君使人襚今世俗有賻而無大小斂故襚禮亦從而廢惜哉然欲悉從高氏之說則識非貧者所能辦有如司馬公之所慮者但當量其力之所及

可也。愚故於襲小斂大斂之下，悉述儀禮并高氏之說，以備參攷。

靈座、魂帛、銘旌。

置靈座，設魂帛。設椸於尸南，覆以帕，置倚卓其前，結白絹為魂帛，置倚上，設香爐、香合、琖、注、酒果於卓子上，侍者朝夕設櫛頮奉養之具，皆如平生。○司馬公曰：古者鑿木為重，以主其神，今令式亦有之。然士民之家，未嘗識也。故用束帛依神，謂之魂帛，亦古禮之遺意也。世俗皆畫影，置於魂帛之後，男子生時有畫像，用之猶無所謂。至於婦人，生時深居閨門，出則乘輜軿，擁蔽其面，既死，豈可使畫工直入深室，揭掩面之帛，執筆訾相，畫其容貌？此殊為非禮。又世俗或用冠帽衣屨裝飾如人狀，此尤鄙俚，不可從也。

【附註】問重。【□生曰】三禮圖有畫象可攷，然且如溫公之說，亦自是古時之宜，不必過泥於古也。[illegible]禮，大夫無主者，束帛依神，溫公用魂帛，蓋取[illegible]依神之意。【高氏曰】古人遺衣裳，必置於靈座，既而藏於廟中，恐當從此說，以遺衣裳置於靈座，而加魂帛於其上，可也。

立銘旌。以絳帛為銘旌，廣終幅，三品以上九尺，五品以下八尺，六品以下七尺，書曰某官某公之柩。無官，即隨其生時所稱，以竹為杠，如其長，倚於靈座之右。

不作佛事。【司馬公曰】世俗言浮屠誑誘，於始死及七七日、百日、朞年、再朞、除喪，飯僧，設道場，或作水陸大會，寫經造像，脩建塔廟，云為此者，滅彌天罪惡，必生天堂，受種種快樂；不為者，必入地獄，剉燒舂磨，受無邊波吒之苦。殊不知人生含氣血知痛癢或剪爪剃髮從而燒斫之已不知苦况於死者形神相離形則入於黃壤朽腐消滅與木石等神則飄若風火不知何之借使剉燒舂磨豈復知之且浮屠所謂天堂地獄者計亦以勸善而懲惡也苟不以至公行之雖鬼可得而治乎是以唐廬州刺史李舟與妹書曰天堂無則已有則君子登地獄無則已有則小人入世人親死而禱浮屠是不以其親爲君子而爲積惡有罪之小人也何待其親之不厚哉就使其親實積惡有罪豈賂浮屠所能免乎此則中智所共知而舉世滔滔信奉之何其易惑而難曉也甚者至有傾家破產然後已與其如此曷若早賣田營墓而葬之乎彼天堂地獄若果有之當與天地俱生自佛法未入中國之前人死而復生者亦有之矣何故無一人誤入地獄見閻羅等十王者耶不學者固不足言讀書知古者亦可以少悟

執友親厚之人至是入哭可也

服而來哭者當服深衣臨尸哭盡哀出拜靈座

香再拜遂弔主人相持哭盡哀主人以哭對無辭

襲含哭位圖

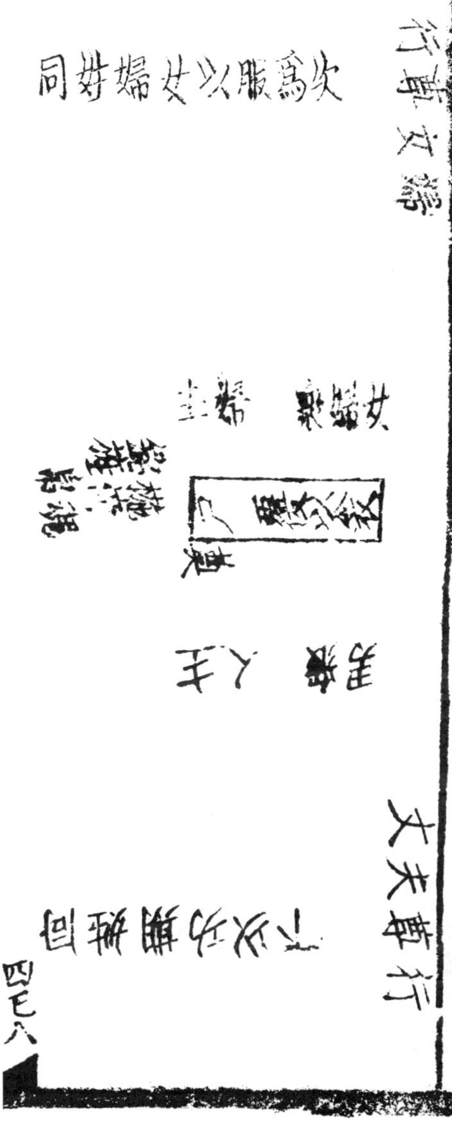

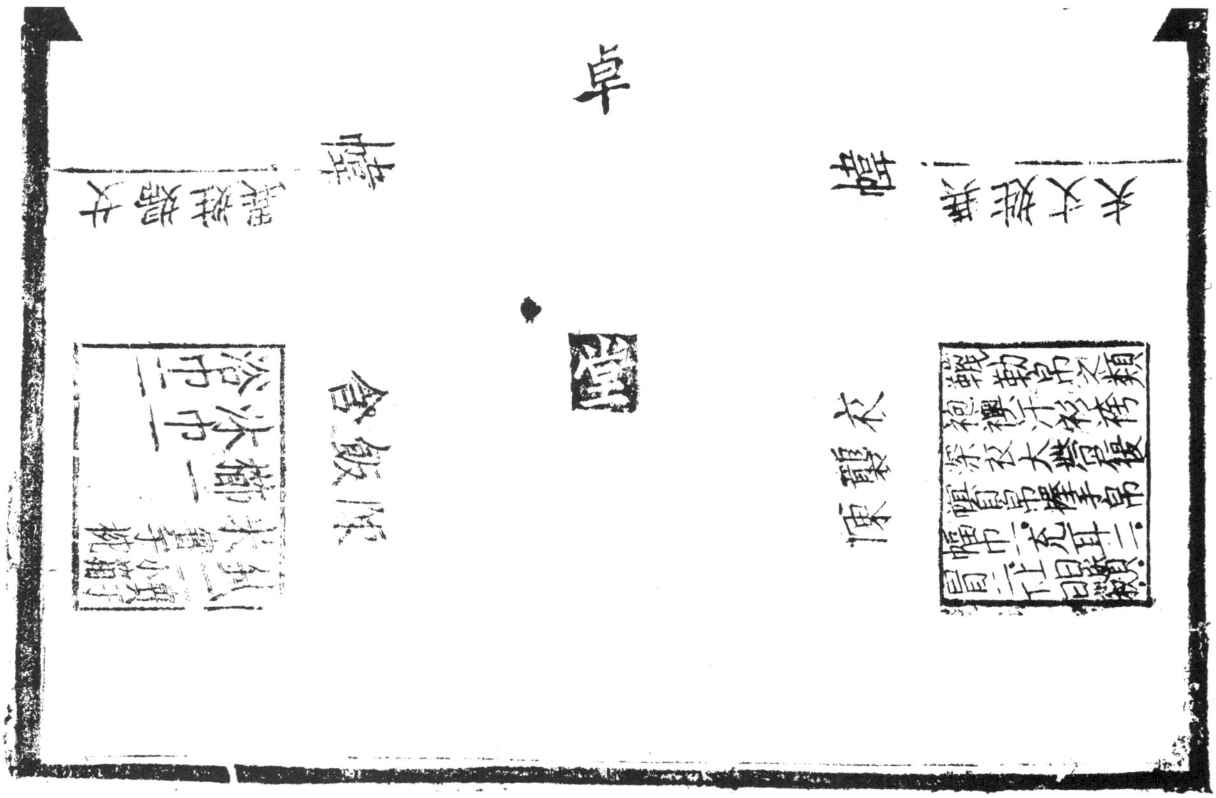

卓
帷
婦女姓某
幃
夫丈姓某
含飯床
浴巾二
沐巾一
櫛一
衣襲床
襪勒帛之類
袍襖汗衫袴
深衣大帶履
幎目帛握手帛
幅巾一充耳二

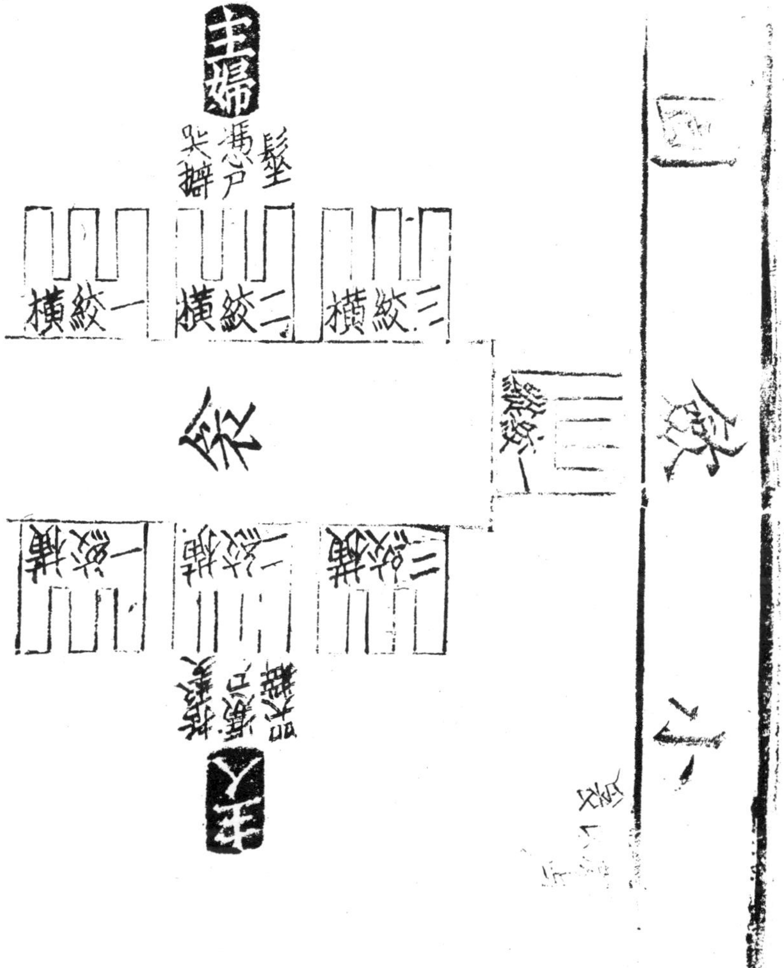
四級八
主婦
横紋一
横紋二
横紋三
級
主人

小斂先布絞之橫者三於牀次布絞之縱者一於其上次布衾於絞之上次布小斂衣於衾之上然後遷尸其上舒絹疊衣以藉其首卷兩端以補兩肩空處又卷衣夾其兩脛以餘衣掩尸左衽異之以衾引又以衾覆之俟將大斂然後去覆衾而結絞先結縱者後結橫者

新拭巾 斂後除之
帨巾 斂後去之
帨巾 盥盆
草鞋 皂
不盥注

小斂 袒 括髮 免 髽 奠 代哭

厥明 謂死之明日。執事者陳小斂衣衾 以卓子陳于堂東北壁下。據死者所有之衣隨宜用之。若多則不必盡用也。衾用複者。絞橫者三。縱者一。皆以細布或綵一幅而析其兩端為三。橫者取足以周身相結。縱者取足以掩首至足而結於身中。

附註 愚按儀禮士喪小斂衣十九稱。絞橫三縮一。廣終幅。析其末。註云。絞所以收束衣服。為堅急也。以布為之。縮從也。橫者三幅。從者一幅。析其末。令可結也。高氏曰。襲衣所以衣尸。斂衣則包之而已。此襲斂之辨也。又曰。小斂衣尚少。但用全幅細布。析其末而用之。凡斂欲方。半在尸下。半在尸上故散衣有倒者惟祭服不倒凡拔斂衣皆以絞紟爲先小斂美者在內故次布散衣後布祭服大斂美者在外故次布祭服後布散衣也○**又曰**斂以衣爲主小斂之衣必以十九稱大斂之衣多至五十稱大既襲之後而斂衣若此之多故非絞以束之則不能以堅實矣凡物束縛緊急則細小而堅實夫然故衣衾足以朽肉而形體深祕可以使人之勿惡也今之喪者衣斂既薄絞冒不施懼夫形體之露也遂納之於棺乃以入棺爲小斂蓋棺爲大斂入棺既在始襲之時蓋棺又在成服之日則是小斂大斂之禮皆廢矣

設奠

設卓子于阼階東南置奠饌及盃注于其上巾之設盥盆帨巾各二于饌東其東有臺架[illegible]

盥。其西無臺者，執事者所盥也。別以卓子設帨巾盆

帨巾於其東，所以洗盃拭盃也。此一節至遣並同。

具括髮麻、免布、髽麻。 括髮謂麻繩撮髻，又以布爲頭須也。免謂裂布或縫絹，廣寸，自項向前交於額上，卻遶髻，如著掠頭也。髽亦用麻繩撮髻，竹木爲簪也。設之皆于別室。

設小斂牀，布絞衾衣。 設小斂床，施薦席褥于西階之西，鋪絞衾衣，舉之升自西階，置于尸南。先布絞之橫者三於下，以備周身相結，乃布縱者一於上，以備掩首及足也。衣或顛試倒，但取正方，唯上衣不倒。

乃遷襲奠。 執事者遷置靈座西南，俟設新奠乃去之。後凡奠皆倣此。

遂小斂。 侍者盥手舉尸，男女共扶助之，遷于小斂床上。先去枕而舒絹疊衣以藉其首

礼卅　十八

仍卷兩端以補兩肩空處又卷衣夾其兩脛取其正方然後以餘衣掩尸左衽不紐裹之以衾而未結以絞未掩其面蓋孝子猶俟其復生欲時見其面故也斂畢則覆以衾

主人主婦憑尸哭擗。

主人西向憑尸哭擗主婦東向亦如之○凡子於父母憑之父母於子夫於妻執之婦於舅姑奉之舅於婦撫之於昆弟執之凡憑尸父母先妻子後。

袒括髮免髽于別室。

男子斬衰者袒括髮齊衰以下至同五世祖者皆袒免于別室婦人髽于別室。

【附註】小斂變服斬衰者袒括髮今人无袒括髮一節何也緣世俗以襲爲小斂故失此變服一節在禮聞喪奔喪入門詣柩前再拜哭盡哀乃就東方去冠及上服被髮徒跣如始喪之儀詣殯東西面坐

哭盡哀乃就東方袒括髮又哭盡哀如小斂儀復明日後日朝夕哭猶袒括髮至家四日乃成服奔喪禮之變也猶謹其序而況喪禮之常斂一節又無袒括髮乎此則孝子知禮者所當謹而不可忽也。

遷尸牀于堂中。執事者徹襲牀遷尸其處哭者復位尊長坐卑幼立

乃奠。祝帥執事者盥手舉饌升自阼階至靈座前祝焚香洗盞斟酒奠之卑幼者皆再拜侍者巾之

主人以下哭盡哀乃代哭不絕聲。

十二

大斂圖

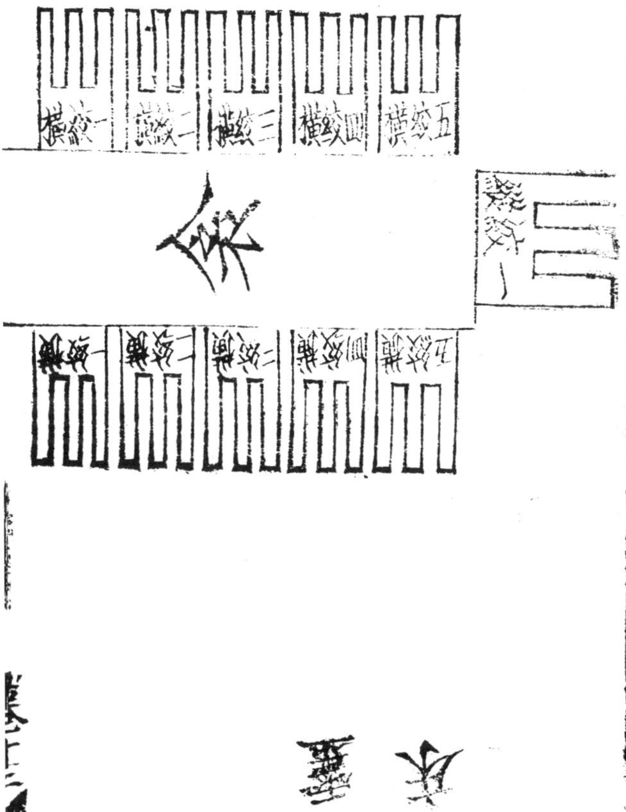

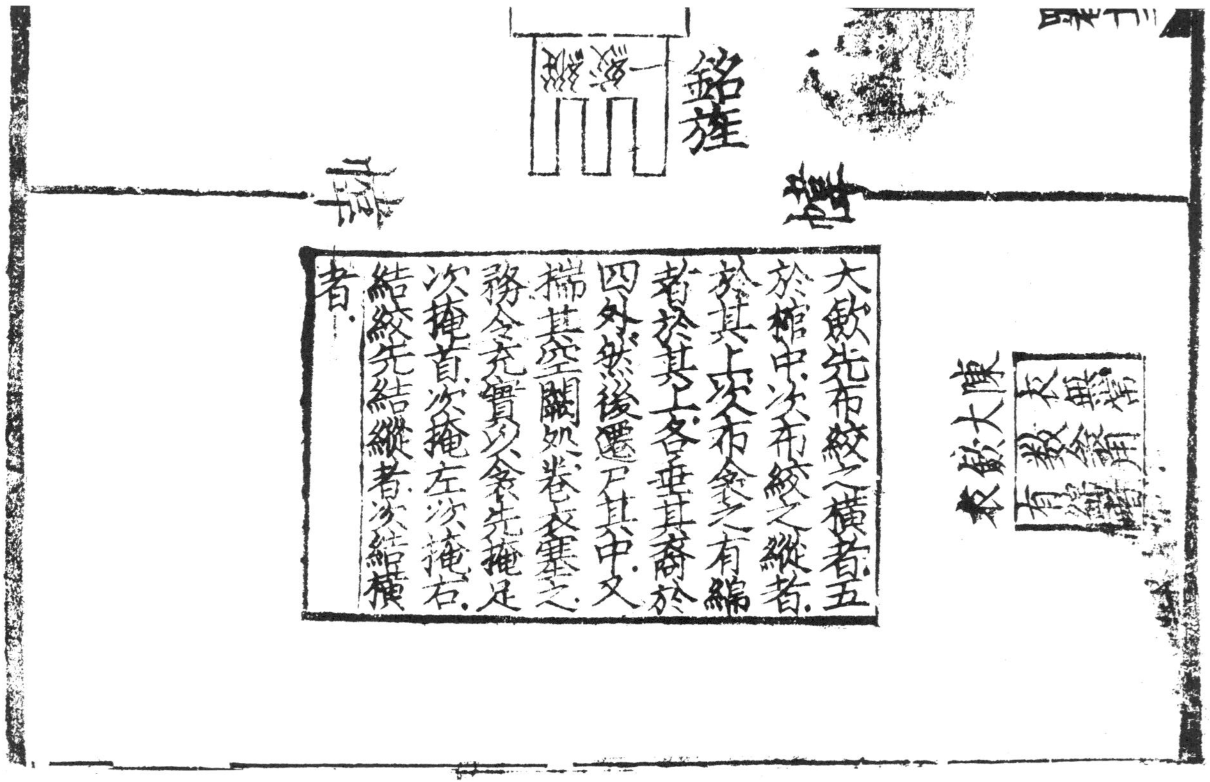

大斂先布絞之橫者五於棺中次布絞之縱者於其上次布衾之有綿者於其上各垂其裔於四外然後遷尸其中又揣其空闕處卷衣塞之務令充實以衾先掩足次掩首次掩左次掩右結絞先結縱者次結橫者

大斂

厥明 小斂之明日死之第三日也○司馬公曰礼曰三日而斂者俟其復生也三日而不生則亦不生矣故以三日爲之礼也今貧者喪具或未辦或漆棺未乾雖過三日亦無傷也世俗以陰陽拘忌擇日而斂盛暑之際至有什出蟲流豈不悖哉

執事者陳大斂衣衾 以卓子陳于堂東壁下衣無常數衾用有綿者

附註 愚按儀禮士喪大斂衣三十稱紟不在筭不必盡用註云紟單被也小斂衣數自天子達大斂則異矣大斂布絞縮者三橫者五○高氏曰大斂之絞縮者三蓋取一幅布裂爲三片也橫者五蓋

取布二幅，裂爲六片而用五也。以大斂衣多故也。每幅三析用之，以爲堅之急也。衾凡二，一覆之，一藉之。

設奠具。如小斂之儀。**舉棺入置于堂中少西。**執事者先遷靈座及小斂奠于旁側，役者舉棺以入，置于牀西，承以兩凳。若卑幼，則於別室。役者出，侍者先置衾，下棺中，垂其裔於四外。○**司馬公曰**：周人殯于西階之上。今堂室異制，或狹小，故但於堂中少西而已。今世俗多殯於僧舍，無人守視，往往以年月未利，踰數十年不葬，或爲盜賊所發，或爲僧所棄，不孝之罪，孰大於此。

乃大斂。侍者與子孫婦女俱盥手，掩首結絞，共舉尸納于棺中，實生時所落髮齒及所剪爪于棺角。又揣其空闕處，卷衣塞之，務令充實，不可搖動。謹勿以金玉珍玩置棺中，啓盜賊心。收衾，先掩足，次掩首，次掩左，次掩右，令棺中平滿。主人主婦憑哭盡哀，婦人退入幕下，乃召匠加蓋下釘，徹牀，覆柩以衣，祝取銘旌設跗于柩東，復設靈座於故處，令婦人兩人守之。○司馬公曰：凡動尸舉柩，哭擗無筭。然斂殯之際，亦當輟哭臨視，務令安固，不可但哭而已。○按古者大斂而殯，既大斂則累墼塗之。今或漆棺未乾，又南方土多螻蟻，不可塗殯，故從其便。

設靈牀于柩東。牀帳薦席屏枕衣被之屬，皆如平生時。

乃設奠。如小斂之儀。

主人以下各歸喪次。中門之外，擇朴陋之室爲丈夫喪次。斬衰寢苫枕塊，不脫絰帶，不與人坐焉，非時見乎母也不及中門。齊衰寢席，大功以下。異居者既殯而歸居宿於外三月而後寢婦人次于中門之內别室或居殯側去帷帳衾褥之華麗者不得輒至男子喪次。

止代哭者。

本宗五服圖

齊衰三月 高祖父

嫡孫父卒爲祖若曾祖高祖承重者斬衰三年妻亦從服

齊衰五月 曾祖父

緦 族曾祖父母 曾祖兄弟也

齊衰不杖期 祖父

小功 從祖祖父母 祖之兄弟也

緦 族祖父母 族曾祖父之子

斬衰三年 父

不杖期 伯叔父母

小功 從祖父母 祖之從兄弟

緦 族父母 族祖父之子

己

不杖期 兄弟 妻小功

大功 從父兄弟 伯叔父之子

小功 從祖兄弟 再從兄弟

緦 族兄弟 三從兄弟

嫡斬衰三年 衆子不杖期 子

母爲嫡子齊衰三年

不杖期 兄弟之子 婦大功

小功 從父兄弟之子 婦緦

緦 從祖兄弟之子

衆孫男女大功 孫

嫡孫若曾玄孫當爲後者齊衰不杖期

小功 兄弟之孫 婦緦

緦 從父兄弟之孫

緦 曾孫

緦 兄弟之曾孫

緦 玄孫

凡男爲人後者爲其私親皆降一等惟本生父母降服不杖期申心喪三年其本生父母亦爲之降服不杖期

嫡孫父卒爲祖母若曾高祖母承重者齊衰三年妻從服

高祖母 齊衰三月

曾祖母 齊衰五月

祖母 齊衰不杖期

母 齊衰三年

妻 齊衰杖期 母在則不杖

婦 嫡不杖期 衆大功

孫婦 庶緦

嫡孫若曾玄孫當爲後者之婦小功其姑在則否

曾孫婦 玄孫婦

曾祖姊妹 族曾祖姑 緦

祖之姊妹 從祖祖姑 小功

姑 不杖期

姊妹 不杖期

姊妹既嫁相爲服

兄弟之女 女子

兄弟之女孫 女孫

兄弟之曾女孫 曾女孫

曾祖兄弟之女 祖之從父姊妹

族祖姑 緦

從祖姑 小功

伯叔父之女

從父姊妹 大功

從父兄弟之女

從父兄弟女孫

族祖父之女 再從姊妹

族姑 緦

從祖姊妹 小功

從祖兄弟之女

三從姊妹

族姊妹 緦

姑姊妹女子子在室服並與男子同嫁反著亦同適人無夫與子者爲其兄弟姊妹及兄弟之子不杖期

凡女適人者爲其私親皆降一等惟祖及曾高祖不降爲兄弟之爲父後者不降爲兄弟姪之妻[illegible]

[illegible]　妾子謂父正室曰嫡母，正服齊衰三年。
庶子爲嫡母之父母兄弟姊妹小功，嫡母死則不服

繼母　繼母謂父再娶之母，義服齊衰三年
繼母爲長子義服齊衰三年，爲衆子不杖期。
繼母出則無服。○若父卒繼母嫁而已從之，服杖期
繼母報服不杖期。○母出則爲繼母之兄弟姊妹
小功

庶母謂父妾之有子者也，衆子爲之義服緦麻。
士之庶子爲其母齊衰三年，爲父後則降。
庶子爲父後者爲其母緦，而爲其母之父母兄弟姊
妹則無服

庶母　庶子之子爲父之母不杖期，而爲祖後則無服。
庶母爲其子爲君之衆子齊衰不杖期，若爲君之長
子齊衰三年

妾爲君斬衰三年。
妾爲女君爲其父母不杖期。
慈母者謂妾子無母而父命他妾之無子者慈己也
義服齊衰三年。

慈母
庶母慈己者謂庶母之乳養己者義服小功。
爲乳母謂小乳哺曰乳母義服緦麻。

出母
謂爲父所出降服杖期母爲子降服不杖期○子爲
父後者則不服

嫁母
謂父卒母嫁降服杖期○子爲父後者則不服
嫁母爲前夫之子與從己嫁者服不杖期。
繼父同居父子皆無大功以上親義服不杖期○繼
父不同居者謂先同今異或雖同居而繼父有子。
己有大功以上親服齊衰三月元不同居則不服

異父
○爲同母異父之兄弟姊妹小功五月。

妻爲夫黨服圖

- 緦　高祖父母
- 緦　曾祖父母
- 大功　祖父母
- 夫爲祖若曾高祖承重，則從服
- 斬衰三年　舅
- 齊衰三年　姑
- 斬衰三年　夫
- 子
- 孫
- 曾孫
- 玄孫
- 爲子孫曾玄孫婦者，其服與夫同。服制見前本宗五服圖
- 緦　從祖祖父母
- 大功　伯叔父母
- 緦　從祖父母
- 小功　夫之姑　適人不降
- 小功　夫姊妹　適人不降
- 緦　夫從父姊妹　適人不降
- 小功　夫兄弟　娣姒婦
- 緦　從父兄弟之妻
- 緦　夫從祖兄弟之子
- 小功　夫從兄弟之子　婦緦
- 不杖期　夫兄弟之子　婦大功
- 小功　夫兄弟之孫　婦緦
- 緦　夫從兄弟之孫
- 緦　夫兄弟之曾孫
- 夫兄弟孫女　適人緦

夫爲人後，其妻爲本生舅姑服大功。

外族母黨妻黨服圖

外祖父母 小功 婦人爲夫外祖父母緦

舅 母之兄弟 小功 婦人爲夫之舅緦

從母 母之姊妹 小功 婦人爲夫從母緦

妻父母 緦 妻亡而別娶亦同妻之親母雖嫁出猶服

己

姑之子 外兄弟 緦

舅之子 内兄弟 緦

從母之子 兩姨兄弟 緦

甥 姊妹之子 小功 婦緦

女爲姊妹之子 小功 婦緦

壻 女之夫 緦

外孫 女之子 緦 婦[illegible]

喪服圖式

裁辟領四寸圖

反摺辟領四寸爲左右適圖

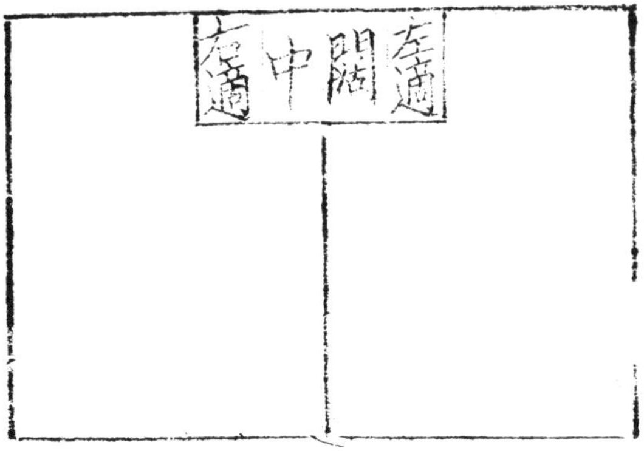

反摺向前圖

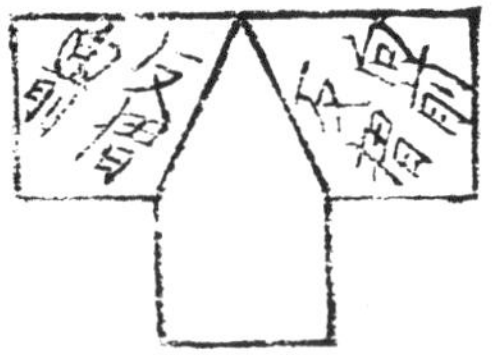

別用布橫長一尺六寸廣八寸塞闊中爲領圖

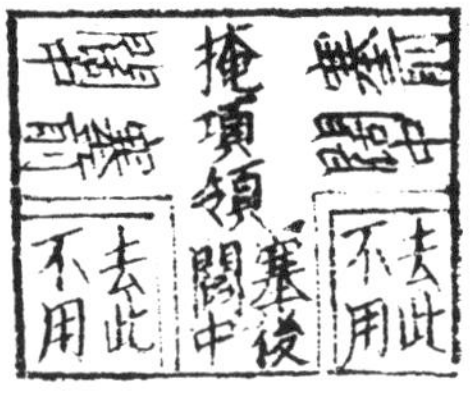

裁袵圖

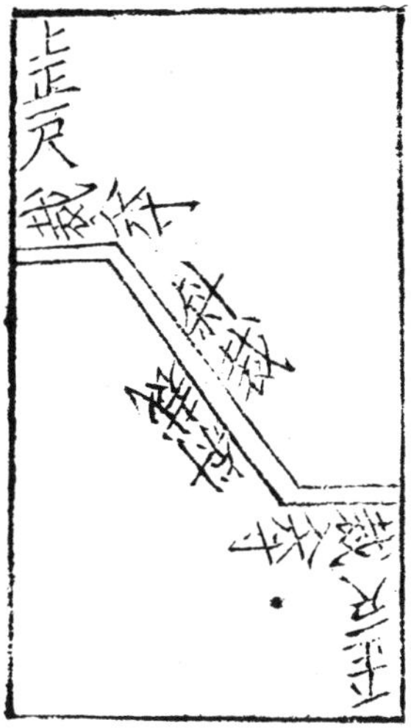

两袵相疊圖

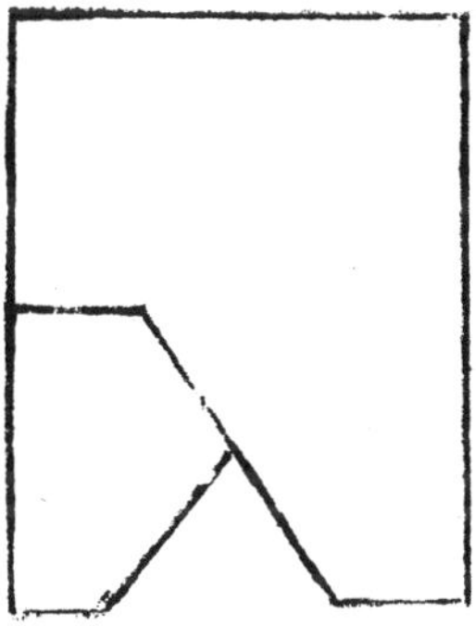

裳制

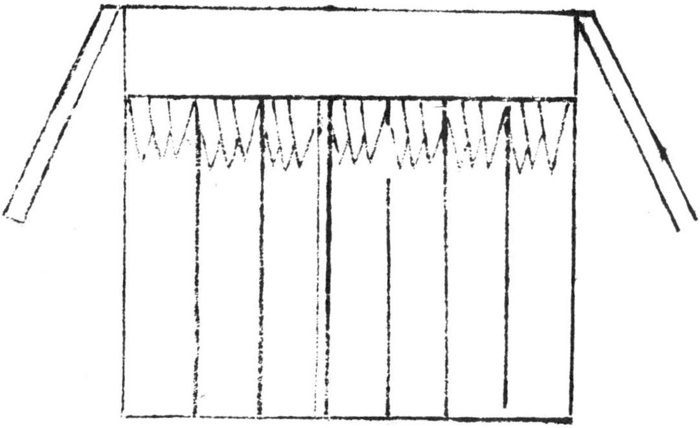

加領於衣前圖

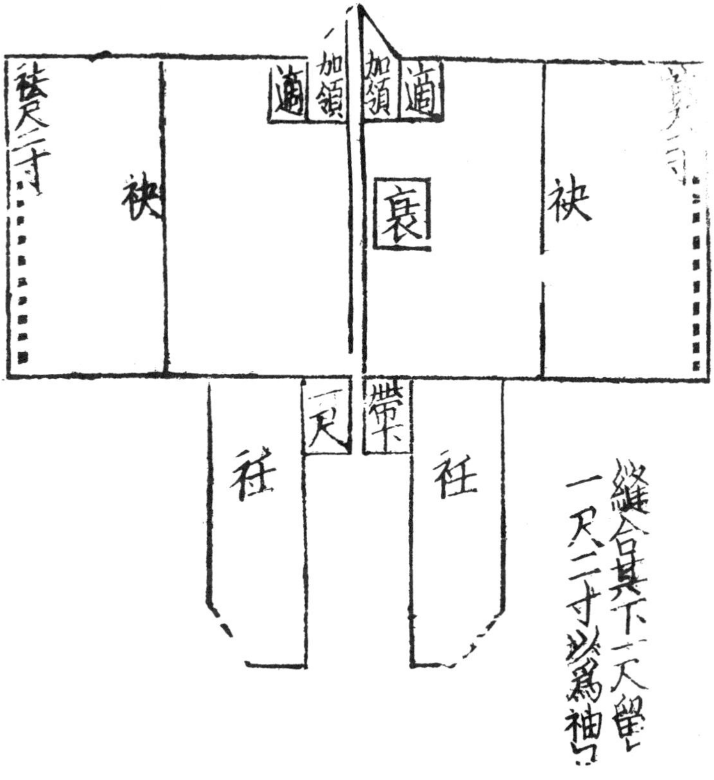

前衰後負板左右適惟子爲父母用

加領於衣後圖

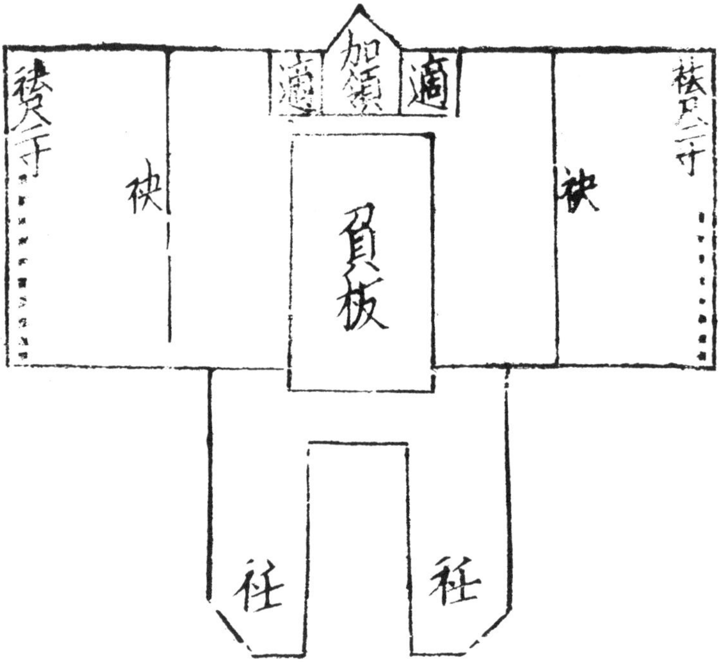

之其餘不用着不裁闊中當如常法

斬衰冠

齊衰冠

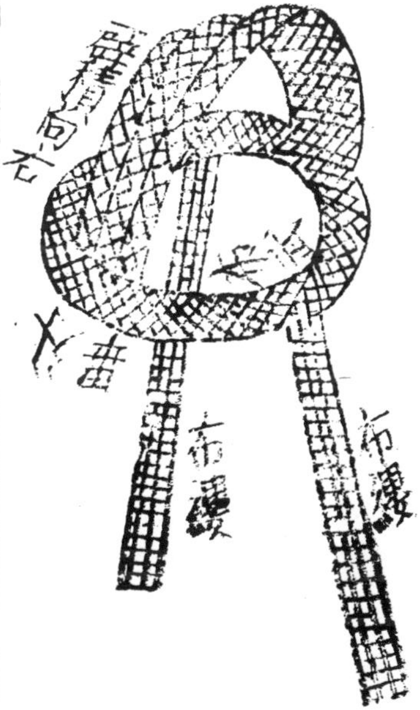

四　十二

大功冠　並同齊衰

小功冠　三辟積向右　餘與齊衰同

緦麻冠　澡纓辟積同小功餘與齊衰同

首絰

斬衰

齊衰

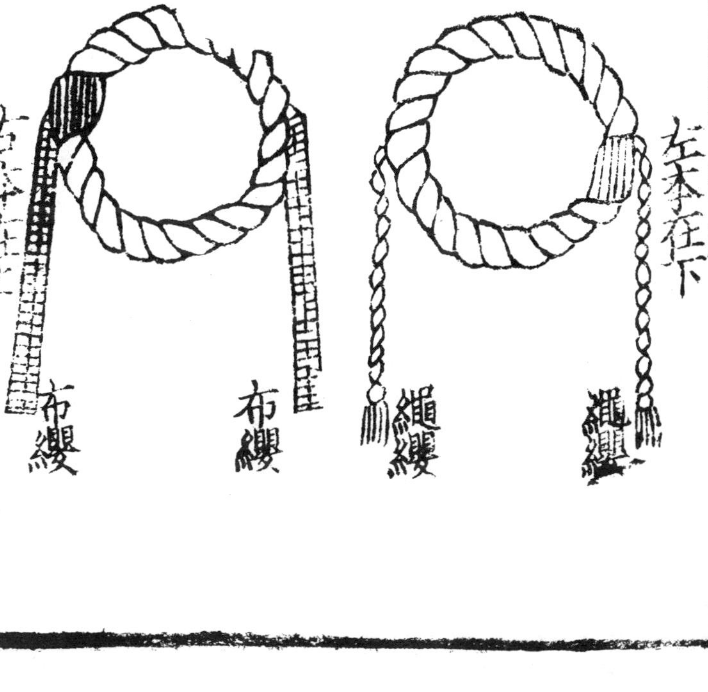

要絰

斬衰至大功初皆散垂至成服乃絞

小功以下結本不散垂

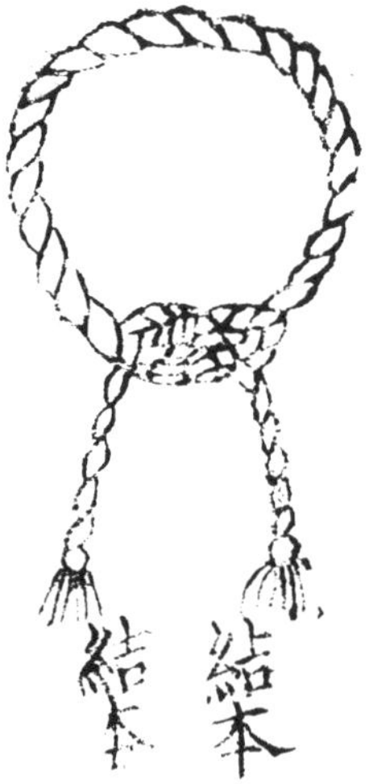

絞帶

斬衰用麻

齊衰以下用布

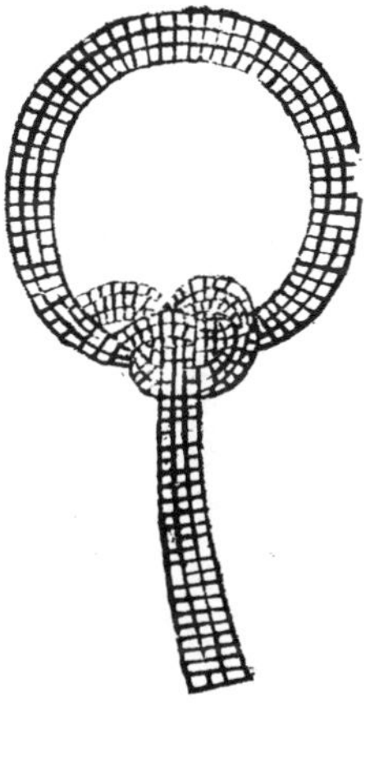

士喪禮疏曰麻在首在要皆曰絰。分而言之首曰絰要曰帶。朱先生曰首絰右本在上者齊衰絰之制以麻根處著頭右邊而從額前向左圍向頭後却就右邊元麻根處相接以麻尾藏在麻根之下麻根搭在麻尾之上有纓者以其加於冠外須着纓方不脫落也。問絰帶之制先生曰首絰太一搤只是拇指与第二指一圍要絰較小絞帶又小於要絰要絰象大帶兩頭長垂下絞帶象革帶一頭有彄子以一頭串於中而束之

卷終

文公家禮卷第五

門人楊復劉垓孫集註

成服

厥明。大斂之明日，死之第四日也。五服之人各服其服，入就位。然後朝哭相弔如儀。

附註　三日大斂，可以成服矣，必四日而後成服，何也？大斂雖畢，人子不忍死其親，故不忍遽成服，必四日而後成服也。禮，生與來日，死與往日，取此義也。

其服之制。一曰斬衰三年。斬，不緝也。衣裳皆用極麤生布，旁及下際皆不緝也。裳前三幅，後四幅，縫內向，前後不連。每幅作三㡇，㡇謂屈其兩邊相著而空其中也。衣長過腰，足以掩裳上際。縫外向，背有負版，用布方尺八寸，綴於領下垂之。前當心有衰，用布長六寸，廣四寸，綴於左衿之前。左右有辟領，各用布方八寸，屈其兩頭相著為廣四寸，綴於領下，在負版兩旁，各攙負版一寸。

附註 喪服制度惟辟領一節沿襲差誤，自通典始。按喪服記云：衣二尺有二寸。蓋指衣身自領至要之長而言之也。用布八尺八寸，中斷以分左右，為四尺四寸者二。又取四尺四寸者二，中摺以分前後，為二尺二寸者四。四[illegible]即尋常度衣身二[illegible]寸[illegible]台二尺二寸者四，疊為四重，從上角當[illegible]

下畈方裁入四寸乃記謂適博四寸註疏所謂

辟領四寸是也**按鄭註**適辟領也則兩物即

物也今記曰適註疏又一以辟領向爲而異其名也

辟猶開也從一角當領處取方裁開入四寸故曰

辟領以此辟領四寸反摺向外加兩肩上以爲左

右適故曰適乃疏所謂兩相向外各四寸是也辟

領四寸既反摺向外加兩肩上以爲左右適故後

之左右各有四寸虛處當脊而相並謂之闊中前

之左右各有四寸虛處當肩而相對亦謂之闊中

乃疏所謂闊中八寸是也此則衣身所用布之數

與裁之之法也**註又云**加辟領八寸而又倍之者

謂別用布一尺六寸以塞前後之闊中也布一條

縱長一尺六寸橫闊八寸又縱摺而中分之其下

一半裁斷左右兩端各四寸除去八寸只留中間

八寸，以加後之闊中。元裁辟領各四寸處，而塞其闕，當肩脊相並處。此所謂加辟領八寸是也。其上一半，全一尺六寸不裁，以布之中間從項上分左右對摺，向前垂下，以加於前。闊中與元裁斷處當脊相對處相接，以爲左右領也。夫下一半加於後之闊中者，用布八寸，而上一半從項而下以加前之闊中者，又倍之而爲一尺六寸焉。此所謂而又倍之者是也。此則衣領所用之布與裁之之法也。古者衣服吉凶異制，故衰服領與吉服領不同，而其制如此也。附又云凡用布一丈四寸者，衣身八尺八寸，衣領一尺六寸，合爲一丈四寸也。此是用布止數，又當少寬其布，以爲針縫之用。然此用衣身與衣領之數，若負衰帶下及兩衽，又在此數外矣。但領必有袷，此布何從出乎。司衣經用[illegible]

八寸而已。一尺六寸，若衣身皆闊二尺二寸，除尺
外用布闊八寸之外，兩邊餘闊一尺四寸，而長
六寸，可以分作三條，彌縫於兩旁，適足無餘矣。
此以辟領爲適，本用許疏，又自謂喪服記文判出
而用楊說以參之，既別用布以爲辟領，又不言辟
領所用何布，又不計衣身衣領用布之數，失之矣。
但知衣身八尺八寸之外，又別用布一尺六寸以
爲領，并用布共一丈四寸，則文義不待辨而自明
矣。○**又按喪服記及註云**：袂二尺二寸，緣衣身二
尺二寸，故左右兩袂亦二尺二寸，欲使縱橫皆正
方也。**喪服記又云**：袪尺二寸。袪者，袖口也。袪二尺
二寸，縫合其下一尺，留上一尺二寸，以爲袖口也。
○**又按喪服記云**：衣帶下尺。緣古者上衣下裳，分
別上下，不相侵越，衣身二尺二寸，僅至脅而止，無

以掩裳上際故於衣帶之下用縱布一尺上屬於衣橫繞於要則以要之闊狹爲準所以掩裳上際而後綴兩衽

衽具旁也

兩腋下有衽各用布三尺五寸上下各留一尺正方一尺之外上於左旁裁入六寸下於右旁裁入六寸便於盡處相望斜裁却以兩方左右相沓綴於衣兩旁垂之向下狀如燕尾以掩裳旁際也冠比衣裳用布稍細紙糊爲材廣三寸長足跨頂前後裹以布爲三㡇皆向右縱縫之用麻繩一條從額上約之至頂後交過前各至耳結之以爲武屈冠兩頭入武內向外反屈之縫於武武之餘繩垂下爲纓結於頤下首絰以有子麻爲之其圍九寸麻本在左從額前向右圍之從頂過後以其末加本上又以繩爲纓以固之如冠之制要絰大七寸

有餘兩股相交兩頭結之各存麻本散垂三尺其交結處兩旁各綴細繩繫之【絞帶】用有子麻繩一條大半絰中屈之爲兩股各一尺餘乃合之其大如絰圍腰從左過後至前乃以其右端穿兩股間而反插於右在絰之下

【附註】已上要用指尺中指中節爲寸首絰要絰圍九寸七寸之類亦同

【苴杖】用竹高齊心本在下【屨】亦粗麻爲之

【附註】【儀禮】菅屨註菅屨菲屨也【家禮】云屨亦粗麻爲之恐當從儀禮爲正

婦人則用極麤生布爲大袖長裙蓋頭皆不緝布頭帬竹釵麻屨衆妾則以背子代大袖

附註儀禮妻爲夫妾爲君女子子在室爲父布總箭笄髽衰三年以家礼参致之儀礼小歛婦人髽于室以麻爲髽家禮小歛婦人用麻繩撮髻爲髽其制同儀禮婦人成服布總六寸謂出紒後所垂者六寸箭笄長尺家禮婦人成服布頭𢄼竹釵所謂布頭𢄼即儀禮之布總也所謂竹釵即儀禮之箭笄也凡喪服上曰衰下曰裳儀禮婦人不殊裳衰如男子衰下如深衣無帶下又無衽夫衰如男子衰未知備負版辟領之制與否下如深衣未知裳用十二幅與否此雖無文可明但衣身必二尺二寸袂必屬幅裳必上屬於衣裳旁兩幅必相連屬此所以衣不用帶下尺裳旁不用衽也今效家禮則不用此制婦人用大袖長裙蓋頭男子衰服純用古制而婦人不用古制此則未詳儀礼婦、

有絰帶。絰，首絰也。帶，要帶也。圍之大小無明文。
約與男子同。卒哭，丈夫去麻帶，服葛帶，而首絰
變。婦人以葛爲首絰，而麻帶不變。既練，男子除絰，
婦人除帶。其說於變除之節若此。家禮婦人並無
絰帶之文，當
以禮經爲正。

月。婦人
皆不杖。

補註 喪服斬衰傳曰：童子何以不杖？不能病也。婦
人何以不杖？亦不能病也。○疏曰：童子不杖，此庶童
子也。問喪云：童子當室，則免而杖矣。謂適子也。婦
人不杖，亦謂童子婦人。若成人婦人，正杖。喪大記
云：三日子夫人杖，五日大夫世婦杖。諸經皆有婦
人杖文。如姑在爲夫杖，母爲長子杖。案喪服小記

云女子子在室爲父母其主喪者不杖則子一人杖鄭云女子子在室亦童子也無男昆弟使同姓爲攝主不杖則子一人杖謂長女也許嫁及二十而笄笄爲成人成人正杖也是其童女爲喪主則亦杖矣○愚按家禮用書儀服制婦人皆不杖與問喪喪大記喪服小記不同恨未得質正

其正服則子爲父也其加服則嫡孫父卒爲祖若曾高祖承重者也父爲嫡子當爲後者也其義服則婦爲舅也夫承重則從服也爲人後者爲所後父也爲所後祖承重也夫爲人後則妻從服也妻爲夫也妾爲君也

附註問喪制有大宗之禮立嫡以爲後故父爲長子三年今大宗之禮廢無立適之法而子各得以爲後則長子少子不異庶子不得爲長子三年不必然也父爲長子三年亦不可以嫡庶論也先生

曰。宗法雖未能立。然服制自當從古。是亦愛禮存羊之意。不可妄有改易也。如漢時宗子法已廢。然其詔令猶云賜民當爲父後者爵一級。是此禮猶在也。豈可謂宗法廢而庶子皆得爲父後者乎。○

紹熙二年辛亥正月。先生長子卒于婺女。報至。即以繼體服斬衰。

二曰齊衰三年。齊緝也。其衣裳冠制並如斬衰。但用次等麤生布緝其旁及下際。（冠）以布爲武及纓。（首絰）以無子麻爲之。大七寸餘。本在右。末繫本下。布纓。（腰絰）大五寸餘。（絞帶）以布爲之。而屈其右端尺餘。（杖）以桐爲之。上圓下方。婦人服同斬衰。但布用次等爲異。後皆倣此。其（正服）則子爲母也。士之庶子爲其母同。而爲父後則降也。其（加服）則嫡孫父卒。爲祖母。若曾高祖母。承重者也。母爲嫡子當爲後者也。

其(義服)則婦爲姑也夫承重則從服也爲繼母也爲慈母謂庶子無母而父命他妾之無子者慈己也繼母爲長子也妾爲君之長子也

杖期。服制同上但又用次等生布其(正服)則嫡孫父卒祖在爲祖母也其(降服)則爲嫁母出母也其(義服)則爲父卒繼母嫁而已從之者也夫爲妻也子爲父後則爲出母嫁母無服繼母出則無服也

不杖期。服制同上但不杖又用次等生布其(正服)則爲祖父母女雖適人不降也庶子之子爲父之母而爲祖後則不服也爲伯叔父也爲兄弟也爲衆子男女也爲兄弟之子也爲姑姊妹女在室及適人而無夫與子者也婦人無夫與子者爲其兄弟姊妹及兄弟之子也妾爲其子也其(加服)則嫡孫若曾玄孫當爲後者也女適人者爲兄弟之爲父後者也其(降服)則嫁母出母爲其子子雖爲父後

服也。妾爲其父母也。其（義服）則繼母嫁母爲前夫之從己者也。爲伯叔母也。爲夫兄弟之子也。繼父同居子皆無大功之親者也。妾爲女君也。妾爲君之衆子也。舅姑爲嫡婦也。

（附註）愚按不杖期註（正服）當添一條，姊妹既嫁相爲服也。○其（義服）當添一條，父母在則爲妻不杖也。○按爲人後者爲其父母報，女子子適人者爲其父母，此是不杖期大節目，何以不書也，蓋此條在後。凡男爲人後者與女適人者爲其私親皆降一等，中故不見於此。

五月 服制同上。其（正服）則爲曾祖父母。女適人者不降也。

三月 服制同上。其（正服）則爲高祖父母。女適人者不降也。其（義服）則繼父不同居者。謂先同今異，或雖同居而繼父有子，己有大功以上親者

也其元不同居者則不服

三曰大功九月

服制同上但用稍粗熟布無負版衰辟領首絰五寸餘要絰四寸餘

【附註】儀禮註云服有衰後有負版左右有辟領孝子哀戚之心無所不在疏云衰者孝子有哀摧之志負者負其悲哀適者指適緣於父母不念餘事○愚按註疏釋衰負版辟領三者之義惟子爲父母用之旁親則不用也家禮至大功乃無衰負版辟領者蓋家禮乃初年本也後先生之家所行之禮旁親皆無衰負版辟領若此之類皆從後來議論之定者爲正

【增註】沈存中筆談喪服中曾祖齊衰服曾祖以上皆謂之曾祖恐是如此始此則皆合有齊衰三月

看來高祖死豈有不爲服之理須合行齊衰三月也伊川須言祖父母喪須是不赴舉後來不曾行今法令雖無明文看來爲士者爲祖父母齊服內不當赴舉○今人齊衰用布太細又大功小功皆用苧布恐皆非禮大功須用市中所賣火麻布稍細者或熟麻布亦可小功須用虔布之屬古者布帛精粗皆有升數所以說布帛精麄不中數不鬻於市今更無此制聽民之所爲所以倉卒難得中度者只得買來自以意擇製之耳

其正服則爲從父兄弟姊妹謂伯叔父之子也爲衆孫男女也其義服則爲衆子婦也爲兄弟子之婦也爲夫之祖父母伯叔父母兄弟子之婦也夫爲人後者其妻爲本生舅姑也

四曰小功五

月
服制同上但用稍細熟布爲冠左縫首絰四寸餘疊
絰三寸餘其正服則爲從祖祖父從祖祖姑謂祖
之兄弟姊妹也爲兄弟之孫爲從祖父從祖姑謂從祖
祖父之子父之從父兄弟姊妹也爲從父兄弟之子也
爲從祖兄弟姊妹謂從祖父之子所謂再從兄弟姊妹
者也爲外祖父母謂母之父母也爲舅謂母之兄弟也
爲甥謂姊妹之子也爲從母謂母之姊妹[redacted]也爲同
母異父之兄弟姊妹也其義服則爲從祖祖母也爲夫
兄弟之孫也爲從祖母也爲夫從兄弟之子也爲夫之
姑姊妹適人者不降也女爲兄弟姪之妻已適人亦不
降也爲娣姒婦謂兄弟之妻相名長婦謂次婦曰娣婦
娣婦謂長婦曰姒婦也庶子爲嫡母之父母兄弟姊妹
嫡母死則不服也母出則爲繼母之父母兄弟姊妹也
爲庶母慈己者謂庶母之乳養己者也爲嫡孫若曾玄

孫[illegible]為後者之婦其姑在則否也為兄弟之妻也為夫之兄弟也五曰緦麻三月。服制同上但用極細熟布首絰三寸腰絰二寸冠用熟麻纓亦如之其正服則為族曾祖父族曾祖姑謂曾祖之兄弟姊妹也為兄弟之曾孫也為族祖父族祖姑謂族曾祖父之子也為從父兄弟之孫也為族父族姑謂族祖父之子也為從祖兄弟之子也為族兄弟姊妹謂族父之子所謂三從兄弟姊妹也為曾孫玄孫也為外孫也為從母兄弟姊妹謂從母之子也為外兄弟謂姑之子也為內兄弟謂舅之子也其降服則庶子為父後者為其母而為其母之父母兄弟姊妹則無服也其義服則為族曾祖母也為夫兄弟之曾孫也為族祖母也為夫從兄弟之孫也為族母也為夫從祖兄弟之子也為庶孫之婦也士為庶母謂父妾之有子者也。爲乳母也。爲壻也。爲妻之父母。妻亡而別娶亦同。卽妻之親母。雖嫁出猶服也。爲夫之曾祖高祖也。爲夫之從祖祖父母也。爲兄弟孫之婦也。爲夫兄弟孫之婦也。爲夫之從祖父母也。爲從父兄弟子之婦也。爲夫從兄弟子之婦也。爲夫從父兄弟之妻也。爲夫之從父姊妹適人者不降也。爲夫之外祖父母也。爲夫之從母及舅也。爲外孫婦也。女爲姊妹之子婦也。爲甥婦也。

增註 溫公儀斬齊古制而功緦又却不古制此却可疑。蓋古者五服皆用麻，但布有差等，皆有冠絰，但功緦之絰小耳。今人吉服不古，而凶服古，亦無崇卑。今俗喪服之制，下用橫布作襴，惟斬衰用之，嫌

凡爲殤服以次降一等。凡年十九至十六爲長殤，十五至十二

二爲中殤，十一至八歲爲下殤，應服期者，長殤降服大功九月，中殤七月，下殤小功五月，應服大功以下，以次降等，不滿八歲爲無服之殤，哭之以日易月，生未三月則不哭也，男子已娶，女子許嫁，皆不爲殤。凡男爲人後，女適人者，爲其私親皆降一等，私親之爲之也亦然。女適人者，降服未滿，被出則服其本服，已除則不復服也。

附註 司馬公曰：喪服小記曰：爲父母喪，未練而出則三年，既練而出則已，未練而反則期，既練而反則遂之。凡婦服夫黨，當喪而出則除之。○凡妾爲其私親，則如衆人。

成服之日，主人

及兄弟始食粥。諸子食粥，妻妾及期九月疏食水飲，不食菜果；五月三月者飲酒食肉，不與宴樂。自是無故不出，若以喪事及不得已而出入，則乘樸馬布鞍、素轎布簾。凡重喪未除而遭輕喪，則制其服而哭之。月朔設位，服其服而哭之。既畢，返重服。其除之也，亦服輕服。若除重喪而輕服未除，則服輕服以終其餘日。

【附註】心喪三年。愚按《儀禮》：父在為母期。註：子之於母，雖為父屈而期，心喪猶三年。唐前上元元年，武上表請父在爲母終三年之喪。○禮記所以喪三年。○今服制，令庶子爲後者爲其母緦，亦解官申心喪三年。○母出及嫁，爲父後者雖不服，申心喪三年。○爲人後者爲其父母不杖期，亦解官申心喪三年。○嫡孫祖在，爲祖母齊衰杖期，雖期除，仍心喪三年。○先生曰：喪禮須從儀禮爲正。如父在爲母期，非是薄於母，只爲尊在其父，不可復尊在母。然亦須心喪三年。這般處皆是大項事，不是小節目。後來都失了。而今國家法，爲所生父母皆心喪三年，此意甚好。

僩 孝宗居 高宗喪，常朝時以布幞頭著布袍，而臣下卻著紫衫。當時周洪道要著涼衫，王季海不肯，止於紫衫上加皂帶。及 光宗居 孝宗喪，臣下都著涼衫，方始正得。蓋臣爲君服。○問從母之夫、舅之妻皆無服，何也？曰：先王制礼，父族四，故由父而上爲從曾祖服緦麻，姑之子，姊妹之子，女子之子，皆有服，皆由父而推之故也。母族三：母之父，母之母，母之兄弟，恩止於舅，故從母之夫、舅之妻皆不爲服，推不去故也。妻族二：妻之父，妻之母。乍看時似乎雜乱無紀，子細看，則皆有義存焉。

又言呂與叔集中一婦人墓誌言：凡遇功緦之喪，皆疏食終其月。此可爲法。○喪礼衣服之類，逐時換去，如葬後換葛衫，小祥後換練布之類。○今之墨縗可便於出入，而不合於禮經，如何？先生曰：若能不出，則不服之亦好，但要出外治事，則只得服之。○或問：居喪爲尊長強之以酒，當如何？曰：若不得辭，則勉徇其意，亦無害，但不可至沾醉。食肉亦然。初可也。問：坐客有歌唱者如之何？曰：當起避。

文公家禮卷第六

門人 楊復 劉垓孫 集註

朝夕哭奠上食

朝奠。每日晨起，主人以下皆服其服，入就位，尊長坐哭，卑者立哭，侍者設盥櫛之具于靈床側，奉魂帛出就靈座，然後朝奠。執事者設蔬果脯醢，祝盥手焚香斟酒，主人以下再拜哭盡哀。

食時上食。如朝奠儀。

夕奠。如朝奠儀畢，主人以下奉魂帛入就靈床，哭盡哀。

哭無時。朝夕之間，哀至則哭於喪次。

朔日則於朝奠設饌。饌用肉魚麪米

食羹飯各一器。

禮如朝朔奠之儀。

（附註）高氏曰：若遇朔望節序，則具盛饌，其品物比朝夕奠差襃。禮疏曰：士則月望不盛奠，唯朔奠而已。○問：母喪朔祭，子爲主。先生曰：凡喪，父在父爲主，則父在，子無主喪之禮也。又曰：父沒，兄弟同居，各主其喪。註云：各爲妻子之喪爲主也，則是凡妻之喪，夫自爲主也，今以子爲喪主，似未安。○愚按初喪立喪主條，凡主人謂長子，無則長孫承重，以奉饋奠，今乃謂父在，父爲主，父在，子無主喪之禮，二說不同何也？蓋長子主喪，以奉饋奠，以子爲母喪恩重服重故也。朔奠則父爲主者，朔殷奠，以尊者爲主也。喪服小記曰：婦之喪虞卒哭，其夫若子主之，虞卒哭皆是殷祭，故其夫主之，亦謂父在爲主也。朔祭父爲主，義與虞卒哭同。

有新物則薦之。如上食儀。

弔奠賻

凡弔皆素服。幞頭衫帶皆以白生絹爲之。

【附註】問：今弔人用横烏，此禮如何？曰：此是玄冠，以弔正與孔子所謂羔裘玄冠不以弔者相反。

奠用香茶燭酒果。有狀。或用食物，即別爲文。賻用錢帛。有狀。惟親友分厚者有之。

（附註）司馬公曰：東漢徐穉，每爲諸公所辟，雖不就，有死喪，負笈赴弔。嘗於家豫炙雞一隻，以一兩綿絮漬酒中，暴乾以裹雞，徑到所赴冢隧外，以水漬絮，使有酒氣，斗米飯，白茅爲藉，以雞置前，醊酒畢，留謁則去，不見喪主。然則奠貴哀誠，酒食不必豐腆也。

具刺通名。賓主皆有官，則具門狀，否則名紙，題其陰面，先使人通之，與禮俱入。

入哭奠訖，乃弔而退。既通名，喪家炷火燃燭，布席，皆哭以俟，護喪出迎賓，賓入至廳事，進揖曰：竊聞某人傾背，不勝驚怛，敢請入酹，并伸慰禮。護喪引賓入至靈座前，哭盡哀，再拜，焚香，跪酹茶酒。

附註 高氏曰既謂之奠而乃燒香酹酒則非奠矣。世俗承習久矣非禮也。○愚按程子張子與朱先生後來之說奠謂安置也。奠酒則安置於神座前既獻則徹去奠而有酹者初酌酒則傾少酒于茅代神祭也。今人直以奠爲酹而盡傾之於地非也。高氏之說亦然與此條所謂入酹跪酹似相抵牾蓋家禮乃初年本當以後來已定之說爲正。詳見祭禮降神條。

祝伏興護喪止哭者祝跪讀祭文奠賻狀於賓之右畢興賓主皆哭盡哀賓再拜主人哭出西向稽顙再拜賓亦哭東向答拜進曰不意凶變某親某官奄忽傾背伏惟哀慕何以堪處主人對曰某罪逆深重禍延某親伏蒙奠酹并賜臨慰不勝哀感又再拜賓答拜又相向哭盡哀賓先止寬譬主人曰脩短有數痛毒奈何願抑孝

恩，俯從禮制，乃揖而出。主人哭而入，護喪送至廳事，茶湯而退。主人以下止哭。○若亡者官尊，即云奄逝；稍尊即云捐館。生者官尊，則云奄棄榮養；存亡俱無官，即云色養。若尊長拜賓，禮亦同此，惟其辭各如啓狀之式，見卷末。

【附註】高氏曰：喪禮賓不答拜，凡非尊喪無不答拜。者胡先生書儀曰：若平人，是平交，則落一膝，展手策之，以表半答。若孝子尊，平人卑，則側身避位，候孝子伏，次卑者即跪還，須詳緩去就，無令跪伏與孝子齊。○愚按，平禮主人拜賓，賓不答拜，此何義也？蓋平賓來，有哭拜或奠禮，主人拜賓以謝之，此賓所以不答拜也。故高氏書有半答跪還之禮。凡禮必有義，不可苟也。書儀、家禮從俗，有賓答拜之。

文亦是主人拜賓賓不敢當乃答拜今世[illegible]來見凡筵哭拜主人亦拜[illegible]代亡者答拜非[illegible]也既而賓弔主人又相與交拜亦非禮也

聞喪奔喪。

始聞親喪哭。親謂父母也以哭答使者又哭盡哀問故易服裂布為四脚白布衫繩帶麻屨遂行日行百里不以夜行雖哀戚猶辟害也道中哀至則哭。哭避市邑喧繁之處。司馬公曰今人奔喪及從柩行者遇城邑則哭過則止是飾詐之道也望其州境其縣境其城其家皆哭。家不在城則望其鄉哭。

入門詣柩前再拜，再變服，就位哭。初變服如初喪，柩東西向坐哭盡哀。又變服如小斂、大斂，亦如之。後四日成服。與家人相弔，賓至拜之如初。若未得行，則爲位不奠。設倚子一枚以代尸柩，左右前後設位哭如儀，但不設奠。若喪側無子孫，則此設奠如儀。變服。亦以聞後之第四日。在道至家，皆如上儀。若喪側無子孫，則在道朝夕爲位設奠，至家但不變服，其相弔拜賓如儀。○若既葬，則先之墓哭拜。之墓者望墓哭，至墓哭拜，如在家之儀。成服者[illegible]服於墓，歸家詣靈座前哭拜。

日成服如儀已成服者亦然但不變服。

齊衰以下聞喪爲位而哭。尊長於正堂，卑幼於別室。〇司馬公曰：今人皆擇日舉哀，凡悲哀之至，在初聞喪即當哭之，何暇擇日？但法令有不得於州縣公廨舉哀之文，則在官者當哭於僧舍，其他皆哭於其家可也。

若奔喪則至家成服。奔喪者釋去華盛之服，裝辦即行。既至，齊衰望鄉而哭，大功望門而哭，小功以下至門而哭。入門詣柩前哭，再拜，成服，就位哭弔如儀。

若不奔喪則四日成服。不奔喪者，齊衰三日中朝夕爲位會哭，四日之朝成服，亦如之。大功以下始聞喪，爲位會哭，四日成服，亦如之。皆每月朔爲位會哭，月數既滿，次月之朔乃爲位會哭而除之。其間哀至則哭。

可也。

治葬

三月而葬。前期擇地之可葬者。

司馬公曰：古者天子七月，諸侯五月，大夫三月，士踰月而葬。今五服年月敕，王公以下皆三月而葬。然世俗信葬師之說，既擇年月日時，又擇山水形勢，以爲子孫貧富貴賤賢愚壽夭盡繫於此。而其爲術又多不同，爭論紛紜，無時可決。至有終身不葬，或累世不葬，或子孫衰替，忘失處所，遂棄捐不葬者。正使殯葬實能致人禍福，爲子孫者亦豈忍使其親臭腐暴露，而自求其利耶？悖禮傷義，無過於此。然孝子之心，慮患深遠，恐淺則爲人所抇，深則濕速朽故必求土厚水深之地而葬之所以不可不擇也或曰家貧鄉遠不能歸葬則如之何公曰子游問喪具夫子曰稱家之有無子游曰有無惡乎齊夫子曰有毋過禮苟無矣斂手足形還葬懸棺而窆人豈有非之者哉昔廉范千里負喪郭平自賣營墓豈待豐富然後葬其親哉在禮未葬不變服食粥居廬寢苫枕塊蓋閔親之未有所歸故寢食不安奈何舍之出遊食稻衣錦不知其何以爲心哉世人又有遊宦没於遠方子孫火焚其柩收燼歸葬者夫孝子愛親之肌體故斂而藏之殘毁他人之尸在律猶嚴况子孫乃悖謬如此其始蓋出於羌胡之俗浸染中華行之既久習以爲常見者恬然曾莫之恠豈不哀哉延陵季子適齊其子死葬於嬴博之間孔子以爲合禮必也不能歸葬葬于其地可也豈不猶愈於焚之哉扣音骨惡音烏齊子細切窆彼斂切

○程子曰卜其宅兆卜其地之美惡也非陰陽家所謂禍福者也地之美則其神靈安其子孫盛若培壅其根而枝葉茂理固然矣地之惡者則反是然則曷謂地之美者土色之光潤草木之茂盛乃其驗也父祖子孫同氣彼安則此安彼危則此危亦其理也而拘忌者惑以擇地之方位決日之吉凶不亦泥乎甚者不以奉先為計而專以利後為慮尤非孝子安厝之用心也惟五患者不得不謹須使它日不為道路不為城郭不為溝池不為貴勢所奪不為耕犁所及也一本云所謂五患者溝渠道路避村落遠井窯○按古者葬地葬日皆決於卜筮今人不曉占法且從俗擇之可也

擇日開塋域祠后土

主人朝哭帥執事者於所得地掘兆四隅外其壤掘中南其兩端各立一標當南門立兩標擇遠親或賓客一人告后

土氏祝帥執事者設位於中標之左南向設盞注酒果
脯醢於其前又設盥盆帨巾二於其東南其東有臺架
告者所盥其西無者執事者所盥也告者吉服入立於
神位之前北向執事者在其後東上皆再拜告者與執
事者皆盥帨執事者一人取酒注西向跪一人取盞東
向跪告者斟酒反注取盞酹于神位前俛伏興少退立
祝執版立於告者之左東向跪讀之曰維某年某月朔
日子某官姓名敢告于后土氏之神今為某官姓名營
建宅兆神其保佑俾無後艱謹以清酌脯醢祗薦于神
尚饗訖復位告者再拜祝及執事者皆再拜徹出主人
若歸則靈座前
哭再拜後放此
附註司馬公曰莅卜或命筮者擇遠親或賓客為
之及祝執事者皆吉冠素服註云非純吉亦非純

凶素服者，但微去華
采珠金之飾而已。
遂穿壙。司馬公曰：今人葬有二法，有穿地直下爲壙而懸棺以窆者，有鑿隧道傍穿土室而攛柩於其中者。按古者唯天子得爲隧道，其他皆直下爲壙而懸棺以窆。今當以此爲法。其穿地宜狹而深，狹則不崩損，深則盜難近也。

附註 問合葬夫妻之位。先生曰：某初葬亡室時，只存東畔一位，亦不曾考禮是如何。陳安卿云：地道以右爲尊，恐男當居右。先生曰：祭時以西爲主，則葬時亦當如此方是。

增註 人家墓壙棺槨，切不可太大，當使壙僅能容槨，槨僅能容棺乃善。去年此間陳家墳墓遭發掘

者皆緣壙中太闊其不能發者皆是壙中狹小無
著脚手處此不可不知也此間墳墓山脚低卸故
盜易入問墳與墓何别曰墓想是塋域墳即封土
隆起者光武紀云為墳但取其稍高四邊能走水
足矣古人墳極高大壙中容得人行也没意思今
法令一品以上墳得高一丈二尺亦自儘高矣李
守約云墳墓所以遭發掘者亦陰陽家之說有以
啓之蓋凡發掘者皆以葬淺之故若深一二丈自
無此患古礼葬亦許深曰不然深葬有水嘗見興
化漳泉間墳墓甚高問之則曰棺只浮在土上深
者僅有一半入地半在地上所以不得不高其封
後來見福州人舉移舊墓稍深者無不有水方知
興化漳泉淺葬者蓋防水爾北方
地土深厚深葬不妨豈可同也

作灰隔穿壙既畢先布炭末於壙底築實厚二三寸然後布石灰細沙黄土拌勻者於其上灰三分二者各一可也築實厚二三尺別用薄板爲灰隔如椁之狀內以瀝清塗之厚三寸許中取容棺墻高於棺四寸許置於灰上乃於四旁旋下四物亦以薄板隔之炭末居外三物居內如底之厚築之既實則旋抽其板近上復下炭灰等而築之及墻之平而止蓋既不用椁則無以容瀝清故爲此制又炭禦木根辟水蟻石灰得沙而實得土而黏歲久結爲全石螻蟻盜賊皆不能進也○程子曰古人之葬欲比化不使土親膚今奇玩之物尚保藏固密以防損污況親之遺骨當如何哉世俗淺識惟欲不見而已又有求速化之說者是豈知必誠必信之義且非欲求其不化也未化之間保藏當如是耳

附註朱先生答廖子晦曰所問葬法後來講究木槨瀝清似亦無益但於穴底先鋪炭屑築之厚一寸許其上即鋪沙灰四傍即用炭屑側厚寸許下與先所鋪者相接築之既平然後安石槨於其上四傍又下三物如前搏底及槨四傍上面復用沙灰實之僅蒲加蓋復布沙灰而加炭屑於其上然後以土築之盈坎而止蓋沙灰以隔螻蟻愈厚愈佳頃嘗見籍溪先生說嘗見用灰葬者後因遷葬則見灰已化爲石矣炭屑則以隔木根之自外至者亦里人改葬所親見故須令常在沙灰之外四面周密都無縫罅然後可以爲固但法中不許用石槨故此不敢用全石只以數片合成庶幾不失法意耳

【增註】問槨外可用炭雜沙土否。曰，只純用炭末置之槨外，槨內實以和沙石灰。或曰，可純用灰否。曰，純灰恐不實，須雜以篩過細沙，久之灰沙相乳入，其堅如石。槨外四圍上下一切實以炭末，約厚七八寸許，既辟濕氣，免水患，又截樹根不入。樹根遇炭皆生轉去，以此見炭灰之妙。蓋炭是死物，無情，故樹根不入也。抱朴子曰，炭入地千年不變。問范家用黃泥拌石灰實槨外，如何。曰，不可。黃泥久之亦能引樹根。又問古人用瀝清，恐地氣蒸熱，瀝清溶化，棺有偏陷，却不便。曰，不曾親見用瀝清利害。但書傳間多言用者，不知如何。○禮壙中用生躰之屬，久之必潰爛，却引虫蟻，非所以爲亡者慮久遠也。古人壙中置物甚多，以其觀之，礼文之意太備，則防患之意反不足，要之只當防慮久遠，毋使

慢書而已其他禮文皆可略也又如古者棺大
釘不用漆粘而今灰漆如此堅密猶自蟻子入去
何況不使釘漆
此皆不可行

刻誌石。

用石二片其一爲蓋刻云有宋某官某公之墓無官則書其字曰某君某甫其一爲底刻云有宋某官某公諱某字某某州某縣人考諱某某官母氏某封某年月日生叙歷官遷次某年月日終某年月日葬于某鄉某里某處娶某氏某人之女子男某某官女適某官某人婦人夫在則蓋云有宋某官姓名某封某氏之墓無封則云妻夫亡則書夫之姓名夫亡則云某官某公某封某氏夫無官則云某君某甫妻某氏其底叙年若干適某氏因夫子致封號無則否葬之日以二石字面相向而以鐵束束之埋之壙前

近地面三四尺間蓋慮異時陵谷變遷或誤為人所動而此石先見則人有知其姓名者庶能為掩之也

造明器 刻木為車馬僕從侍女各執奉養之物象平生而小准令五品六品三十事七品八品二十事非陞朝十五事

下帳。謂床帳茵席倚卓之類亦象平生而小

苞 竹掩一以盛遣奠餘脯

筲。竹器五以盛五穀

甖。甆器三以盛酒醯醢。司馬公曰自明器以下俟實土及半乃於其傍穿便房以貯之。按此雖古人不忍死其親之意然實非有用之物且脯肉腐敗生虫聚蟻尤為非便雖不用可也

大轝。古者柩車制度甚詳今不能然但從俗為之取其牢固平穩而已其法用兩長杠杠上加伏兔附杠處為圓鑿別作小方牀以載柩足高二寸旁立兩柱柱外施圓枘令入鑿中長出其外柩

鏧[illegible]間須極圓滑以膏塗之使其上下之際極常適中

历[illegible]道上更為方鑿加横扃扃兩頭出柱外者更加小

扃、杠兩頭施横杠横杠上施短杠短杠上或更加小杠

仍[illegible]作新麻大索以備扎縛此皆切要實用不可闕者

但[illegible]此制而以衣覆棺亦足以少華道路或更欲加飾

則以竹為之格以綵結之上如撮蕉亭施帷幔四角垂

流蘇而已然亦不可太高恐多罣礙不須太華徒為觀

美若道路遠決不可為此虛飾但用油單裹柩以防雨

水而

已

附註先生曰某舊為先人飾棺考制度作帷荒延

平先生以為不切而今禮文竟繁多使人難行後

聖有作必是裁

減了方始行得

翣以木爲筐，如扇而方，兩角高，廣二尺，高二尺四寸，衣以白布，柄長五尺，黼翣畫黼，黻翣畫黻，畫翣畫雲氣，其緣皆爲雲氣，皆畫以紫，雅格。

作主。

程子曰 作主用栗，趺方四寸，厚寸二分，鑿之洞底，以受主身，身高尺二寸，博三寸，厚寸二分，剡上五分爲圓首，寸之下勒前爲頷而判之，四分居前，八分居後，頷下陷中，長六寸，廣一寸，深四分，合之植於趺下，齊竅其旁以通中，圓徑四分，居三十六分之下，下距趺面七寸二分，以粉塗其前面。○**司馬公曰** 府君夫人共爲一櫝。○按古者虞主用桑，將練而後易之以栗，今於此便作栗主，以從簡便。或無栗，止用木之堅者。櫝用黑漆，且容一主，夫婦俱入祠堂，乃如司馬公之制。

·**附註先生曰** 伊川制，士庶不用主，只用牌子，看牌子當如主制，只不消二片相合，及竅其旁以

中。又曰且如今人未仕，只用牌子，到任後不中
換了。若是士人只用主，亦無大利害。又曰主式
乃伊川先生所制，初非朝廷立法，固無官品之限，
萬一繼世無官，亦難遽易，但繼此不當作，只牌子
亦無定制，竊意亦須似主之大小高下，但不爲判
合陷中可也。凡此皆是後賢義起之制，今復以意
斟酌如此，若古
禮則未有考也。

增註 問程氏主式士人家可用否。曰他已云是殺
諸侯之制，士人家用牌子。曰牌子式當如何。曰溫
公用大板子，今但依程氏主式而勿陷其中可也。
〇伊川木主制度，其剡刻開竅皆有陰陽之數
存焉，信乎其有制
禮作樂之具也。

木主全式

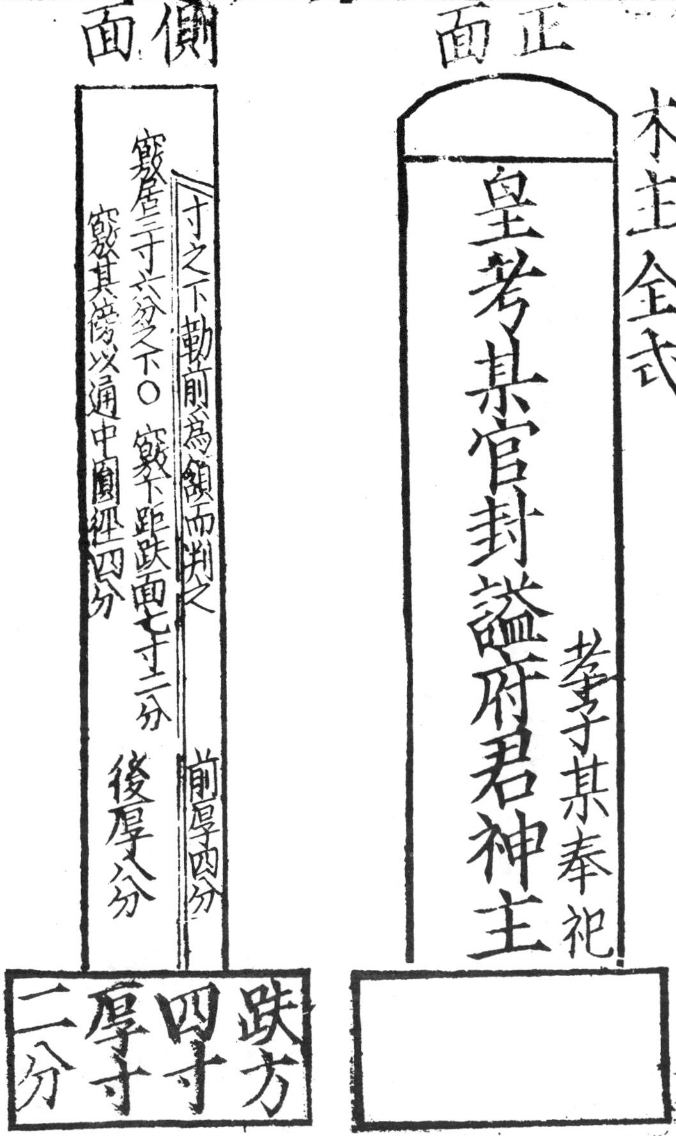
正面
皇考某官封謚府君神主
孝子某奉祀
側面
寸之下勒前為頷而剡之
前厚四分
竅居三寸六分之下○竅下距趺面七寸二分
竅其傍以通中圓徑四分
後厚八分
趺方四寸厚寸二分

木主分式

前面

皇考某官封謚府君神主

孝子某奉祀

剡上五分為圓首 頷下陷中長六寸廣一寸深四分 身高尺二寸博三寸厚寸二分

裏面

宋故某官某公諱某字某第幾神主

尺

五分弱

寸五分弱當浙尺八寸四分

當周尺一尺三寸四分當浙尺一尺一寸三分

更加三寸四分長

六

造主當用周尺

式

古尺 當今省尺五寸

周尺 當三司布帛尺七

三司布帛尺 比周尺

即是省尺又名京尺

木主

趺式

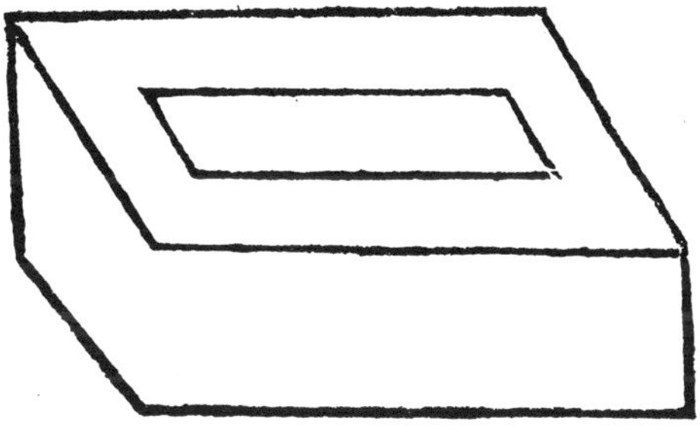

方四寸

厚寸二分

程先生木主之制取象甚精可以爲萬世法然用其制者多失其真往往不攷用尺之長短故也蓋周尺當省尺七寸五分弱而程氏文集與溫公書儀多誤注爲五寸五分弱而所謂省尺者亦莫

知其爲何尺時李舊嘗質之晦翁先生答云省尺乃是京尺溫公有圖子所謂三司布帛尺者是也繼從會稽司馬侍郎家求得此圖其間有古尺數等周尺居其右三司布帛尺居其左以周尺校之布帛尺正是七寸五分弱於是造主之制始定今不敢自隱因圖主式及二尺長短而著伊川之説於其旁庶幾用其制者可以曉然無惑也嘉定癸酉季秋乙卯臨海潘時舉仲善父識

伊川程先生云作主用栗取法於時月日辰趺方四寸象歲之四時高尺有二寸象十二月身博三十分象月之日厚十二分象日之辰身趺皆厚一寸二分剡上五分爲圓首寸之下勒前爲頷而判之一居前二居後前四分後八分陷中以書爵姓名行曰宋故某官某公諱某字某第幾神主粉面

長六寸闊一寸合之植於趺身出趺上一尺八分

并趺高一尺二寸竅其旁以通中如身厚三分之

謂圓徑四分居二分之上謂在七寸二分之上粉

塗其前以書屬稱屬謂高曽祖考稱謂官或號行

如処士秀才幾郎幾公旁題主祀之名曰孝子某

奉祀加贈易世則筆滌而更之水以洒廟墻外改

中不

改

文公家禮卷第六

卷終

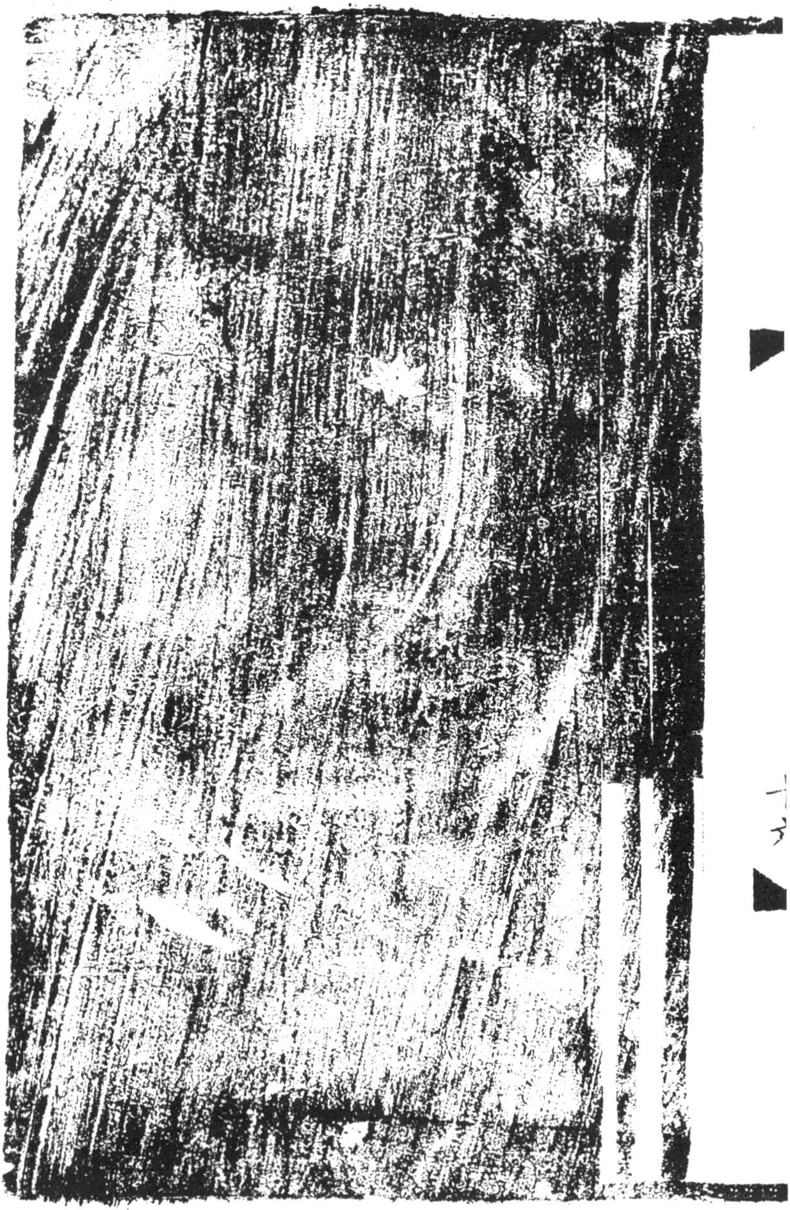
十六

文公家禮卷第七

門人楊復　劉垓孫集註

遷柩朝祖奠賻陳器祖奠

發引前一日因朝奠以遷柩告 設饌如朝奠祝斟酒訖北面跪告曰今以吉辰遷柩敢告俛伏興主人以下哭盡哀再拜盖古有遷殯之奠今既不塗殯則其禮無所施又不可全無節文故爲此禮也

附註 古禮自啓殯至卒哭更有兩变服之節啓殯斬衰男子括髮婦人髽盖小斂括髮髽今啓殯亦

見二柩故變同小斂之節也此是一節今旣不塗殯則亦不啓雖不變服可也古禮啓殯之後斬衰男子免至虞卒哭皆免此又是一節開元礼主人及諸子皆去冠絰以邪布巾帕頭亦放古意家礼今皆不用何也司馬公曰自啓殯至于卒哭日數甚多若使五服之親皆不冠而袒免恐其驚俗故但各服其服而已

奉柩朝于祖。將遷柩役者入婦人退避主人及衆主人輯杖立視輯斂也謂舉之不以拄地也祝以箱奉魂帛前行詣祠堂前執事者奉奠及倚卓次之銘旌次之役者舉柩次之主人以下從哭男子由右婦人由左重服在前輕服在後服各為叙侍者在末無服之親男居男右女居女左皆次主人主

婦之後，婦人皆盖頭，至祠堂前，執事者先布席，役者斂
柩於其上，北首而出，婦人去盖頭，祝帥執事者，設靈座
及奠於柩西，東向，既夕礼遷于祖，正柩于兩楹間，升
設于柩西，奠設如初，註：奠設如初，東面也，不統於柩，神
不西面也，不設柩東，東非神位也。主人以下，就位
立哭盡哀止。此禮盖象平生將出，必辭尊者也。

附註 愚按儀禮朝祖正柩之後，遂匠始納載柩之
車于階間，即家礼所謂大轝也。方其朝祖時，又別
有輁軸，註云：輁狀如長牀，夫輁狀如長牀，則僅可
承棺，轉之以軸，輴之以人，故得以朝祖。既正柩則
用夷牀，盖朝祖時載柩則有輁軸，正柩則有夷牀，
後世皆闕之。今但使役者舁柩，柩既重大，如何可
轝，恐非謹之重之之意。若但魂帛朝于祖，亦失遷
柩朝祖之本意，恐當從儀禮別制輁軸以朝祖，至

祠堂前。正柩用夷牀北首。祝帥執事者設靈座及奠于柩西東向。主人以下就位立哭盡哀止。

遂遷于廳事。執事者設帷於廳事。役者入。婦人退避。祝奉魂帛導柩右旋。主人以下男女哭從如前。設廳事。執事者布席。役者置柩於席上南首而出。祝設靈座及奠于柩前南向。主人以下就位坐哭。藉以薦席。

乃代哭。如未歛之之前以至發引。

親賓致奠賻。如初喪儀。

陳器。方相在前。狂夫爲之。冠服如道士。執戈揚盾。四品以上四目爲方相。以下兩目爲魌頭。次明器下帳苞筲甖。以牀舁之。次銘旌。去趺執之。次靈車。以奉魂帛香火。次大轝。轝旁有翣。使人執之。

晡時設祖奠。饌如朝奠。祝斟酒訖。北向跪告曰。永遷之禮。靈辰不留。今奉柩車。式[illegible]

遵祖道儀伏興餘如朝夕奠儀○司馬公曰若柩自他所歸葬則行日但設朝奠哭而行至葬乃備此及下遣奠禮

遣奠

厥明遷柩就轝轝夫納大轝於中庭脫柱上橫扃執事者徹祖奠祝北向跪告曰今遷柩就轝敢告遂遷靈座置旁側婦人退避召役夫遷柩就轝乃載施扃加楔以索維之令極牢實載謂升柩於轝也以新絙左右束柩於轝乃以横木楔柩足兩旁使不動搖主人從柩哭降視載婦人哭於帷中載畢祝帥執事者遷靈座于柩前南向**乃設遣奠**饌如朝奠有脯惟婦人不在奠畢執事者

徹脯納苞中置
舁牀上遂徹奠
附註高氏禮祝跪告曰靈輀既駕
往即幽宅載陳遣禮永訣終天
祝奉魂帛升車焚香。別以箱盛主置帛後至是婦人乃盖頭出帷降
階立哭守舍者哭辭盡哀
再拜而歸尊長則不拜

發引

柩行。方相等前導如陳器之叙主人以下男女哭步從如朝祖之敍出門則以白幕夾障之尊長次之無服之親又

次之賓客又次之。皆乘車馬親賓或先待於墓所或出郭哭拜辭歸

親賓設幄於郭外道旁駐柩而奠。如在家之儀

塗中遇哀則哭。若墓遠則每舍設靈座於柩前朝夕哭奠食時上食夜則主人兄弟皆宿柩旁親戚共守衛之

及墓下棺祠后土題木主成墳。

未至執事者先設靈幄。在墓道西南向有倚卓親賓次。在靈幄前十數步男東女西女次北與靈幄相直皆南向婦人幄。在靈幄後

壙西。方相至。以戈擊壙四隅。明器等至。陳於壙東南北上。靈車至。祝奉魂帛就幄座。主箱亦置帛後。遂設奠而退。酒果脯醢。柩至。執事者先布席於壙南。柩至。脫載置席上北首。執事者取銘旌去杠置其上。主人男女各就位哭。主人諸丈夫立於壙東西向。主婦諸婦女立於壙西幄內東向。皆北上。如在塗之儀。賓客拜辭而歸。主人拜之。賓答拜。乃窆。先用木杠橫於灰隔之上。乃用索四條穿柩底鐶。不結而下之。至杠上。則抽索去之。別摺細布若生絹兜柩底而下之。更不抽出。但截其餘棄之。若柩無鐶。即用索兜柩底兩頭放下。至杠上乃去索。用布如前。大凡下柩最須詳審用力不可誤有傾墜動搖。主人只宜輟哭。

主人贈。親臨視之。已下，再整柩衣銘旌，令平正。玄六纁四，各長八尺。主人奉置柩旁，再拜稽顙。在位者皆哭盡哀。家貧或不能具此數，則玄纁各一可也。其餘金玉寶玩，並不得入壙，以為亡者之累。

加灰隔內外蓋。先度灰隔大小，制薄板一片，旁距四牆，取令脗合。至是加於柩上，更以油灰弥之。然後旋旋少灌瀝清於其上，令其速凝，即不透板。約已厚三寸餘，即加外蓋。

實以灰。三物拌勻者居下，炭末居上，各倍於底及四旁之厚，以酒灑而躡實之。恐震柩中，故未敢築，但多用之以俟其實。

乃實土而漸築之。下土每尺許，即輕手築之，勿令震動柩中。

祠后土於墓左。如前儀，祝版前同，但

云今爲某官封謚窆玆幽宅神其後同。**藏明器等。**實土及半乃藏明器下帳苞筲甖於便房以版塞其門。**下誌石。**墓在平地則於壙內近南先布甎一重置石其上又以甎四圍之而覆其上若墓在山側峻處則於壙南數尺間掘地深四五尺依此法埋之**復實以土而堅築之。**下土亦以尺許爲準但須密杵堅築**題主。**執事者設卓子於靈座東南西向置硯筆墨對卓置盥盆帨巾如前主人立於其前北向祝盥手出主卧置卓上使善書者盥手西向立先題陷中父則曰宋故某官某公諱某字某第幾神主粉面曰皇考某官封謚府君神主其下左旁曰孝子某奉祀母則曰宋故某封某氏諱某字某第幾神主粉面曰皇妣某封某氏神主旁亦如之無官封則以生時所稱爲號題畢祝奉置靈座而藏魂帛於箱中以置其後炷香斟酒執版出於主人之右跪讀之曰子同前但云孤子某敢昭告于皇考某官封謚府君形歸窀穸神返室堂神主既成伏惟尊靈舍舊從新是憑是依畢懷之興復位主人再拜哭盡哀止母喪稱哀子後放此凡有封謚皆稱之後皆倣此

【附註】高氏曰觀木主之制旁題主祀之名而知宗子之法不可廢也宗子承家主祭有君之道諸子不得而抗焉故禮支子不祭祭必告於宗子宗子爲士庶子爲大夫則以上牲祭於宗子之家其祝詞曰孝子某爲介子某薦其常事若宗子居于他國庶子無廟則望墓爲壇以祭其祝詞曰孝子某使介子某執其常事若宗子死則稱名不稱孝蓋古人重宗如此自宗子之法壞而人不知所自來

以至流轉四方，往往親未絕而有不相識者，是豈教人尊祖收族之道哉。○問：夫在，妻之神主宜書何人奉祀？先生曰：旁註施於所尊，以下則不必書也。

祝奉神主升車。○魂帛箱在其後。執事者徹靈座，遂行。○主人以下哭從，如來儀。至墓門，尊長乘車馬，去墓百步許，卑幼亦乘車馬，但留子弟一人監視實土以至成墳。墳高四尺，立小石碑於其前，亦高四尺，趺高尺許。○司馬公曰：按令式，墳碑石獸，大小多寡，雖各有品數，然葬者當爲無窮之規，後世見此等物，安知其中不多藏金玉耶？是皆無益於亡者而反有害，故令式又有貴得同賤賤不得同貴之文然則不若不用之爲愈也公按孔子防墓之封其崇四尺故取以爲法用司馬公說別立小碑但石須闊尺以上其厚居三之二圭首而刻其面如誌之蓋乃略述其世系名字行實而刻於其左轉及後右而周焉婦人則俟夫葬乃立面如夫亡誌蓋之刻云

反哭

主人以下奉靈車在塗徐行哭其反如疑爲親在彼哀至則哭至家哭望門即哭祝奉神主入置于靈座執事者先設靈座于故處祝奉神主入就位櫝之并魂帛箱置主後主人以

下哭于廳事。主人以下及門哭，入升自西階，哭于廳事，婦人先入哭於堂。

附註 先生曰：反哭升堂，反諸其所作也。主婦入于室，反諸其所養也。須知得這意思，則所謂踐其位、行其禮等事，行之自安，方見得繼志述事之事。○愚按先生此言，蓋謂古者反哭于廟，反諸其所作，謂親所行禮之處；反諸其所養，謂親所饋食之處，皆指反哭于廟而言也。先生家禮，反哭于廳事，婦人先入哭於堂，又與古異者，後世廟制不立，祠堂狹隘，所謂廳事者，乃祭祀之地，主婦饋食亦在此堂也。

遂詣靈座前哭。盡哀止。有弔者拜之如初。

謂賓客之親密者既歸待反哭而復弔【應氏曰】反

哭之弔也哀之至也反而亡焉失之矣於是爲甚

九月之喪者飲酒食肉不與宴樂小功以下大功異居者可以歸

虞祭葬之日日中而虞或墓遠則但不出是日可也若去家經宿以上則初虞於所館行之鄭氏曰骨肉歸于土魂氣則無所不之孝子爲其彷徨三祭以安之

【附註】先生曰未葬時奠而不祭但酌酒陳饌再拜而已虞始用祭禮卒哭則又謂之吉祭

主人以下皆沐浴或已晚不暇即略自澡潔可也執事者

陳器具饌盥盆帨巾各二於西階西南上東盆有臺巾有架西者無之凡喪禮皆放此酒瓶并架於靈座東南置卓子於其東設注子及盤盞於其上火爐湯瓶於靈座西南置卓子於其西設祝版於其上設蔬果盤盞於靈座前卓上匕筯居內當中酒盞在其西醋楪居其東果居外蔬居果內實酒于瓶設香案於堂中炷火於香爐束茅聚沙於香案前具饌如朝奠陳於堂門外之東。祝出神主于座。主人以下皆入哭。主人及兄弟倚杖於室外及與祭者皆入哭於靈座前其位皆北面以服爲列重者居前輕者居後尊長坐卑幼立丈夫處東西上婦人處西東上逐行各以長幼爲序侍者在後降神祝止哭者主人降自西階盥手帨手詣靈座前焚香再拜執事者皆盥帨。一人開酒，實于注，西面跪，以注授主人，主人跪受。一人奉卓上盤盞，東面跪於主人之左，主人斟酒於盞，以注授執事者，左手取盤，右手執盞，酹之茅上，以盤盞授執事者，俛伏興，少退再拜，復位。

祝進饌。執事者佐之，其設之序如朝奠。

初獻。主人進詣注子卓前，執注北向立，執事者一人取靈座前盤盞立於主人之左，主人斟酒，反注於卓上，与執事者俱詣靈座前，北向立。主人跪，執事者亦跪，進盤盞，主人受盞，三祭於茅東上，俛伏興，執事者受盞，奉詣靈座前，奠於故處。祝執版出於主人之右，西向跪讀之，前同，但云日月不居，奄及初虞，夙興夜處，哀慕不寧，謹以潔牲柔毛，粢盛醴齊，哀薦祫事，尚饗。祝興，主人哭，再拜，復位，哭止。牲用豕，則曰剛鬣，不用牲，則曰清酌庶羞。祫，合也，欲其合於先祖也。

亞獻。主婦爲之，禮如

初。但不讀祝。四拜。**終獻**。親賓一人。或男或女爲之。禮如亞獻。**侑食**。執事者執注就添盞中酒。**主人以下皆出。祝闔門**。主人立於門東西向。卑幼丈夫在其後重行北上。主婦立於門西東向。卑幼婦女亦如之。尊長休於他所。如食間。

附註 士虞禮無尸者。祝闔牖户。如食間。詳見後四時祭礼。

祝啓門。主人以下入哭辭神。祝進當門北向噫歆告啓門三。乃啓門。主人以下入就位。執事者點茶。祝立于主人之右西向告利成。斂主匣之。置故處。主人以下哭再拜盡哀止。出就次。執事者徹。**祝埋魂帛**。祝取魂帛帥執事者埋於屏處潔地。**罷**。

朝夕奠。朝夕哭哀至哭如初。遇柔日再虞乙丁己辛癸為柔日其禮如初虞惟前期一日陳器具饌厥明夙興設蔬果酒饌質明行事。祝出神主于座。祝辭改初虞為再虞。祫事為虞事為異。若墓遠途中遇柔日。則亦於所館行之。

遇剛日三虞。甲丙戊庚壬為剛日。其禮如再虞惟改再虞為三虞。虞事為成事。若墓遠亦途中遇剛日且闕之。須至家乃可行此祭。

卒哭。檀弓曰卒哭曰成事。是日也以吉祭易喪祭。故此祭漸用吉禮。

三虞後遇剛日卒哭。前期一日陳器具饌。並同虞祭惟更設玄酒瓶一於酒瓶之西厥明夙興設蔬果酒饌。並同虞祭惟更取井花水充玄酒、質明。祝出主。同再虞祭主人以下皆入哭降神。並同虞祭主人主婦進饌。主人奉魚肉主婦盥帨奉麪米食主人奉羹主婦奉飯以進如虞祭之設。初獻。並同虞祭惟祝執版出於主人之左東向跪讀爲異詞並同虞祭但改三虞爲卒哭哀薦成事下云來日隮祔于祖考某官府君尚饗按此云祖考謂亡者之祖考也。

附註先生曰溫公以虞祭讀祝於主人之右卒哭讀祝於主人之左蓋得礼意。○高氏禮祝進讀祝文曰日月不居奄及卒哭叩地號天五情糜潰謹以清酌庶羞哀薦成事尚饗。

亞獻終獻侑食闔門啓門辭神。並同虞祭惟祝西階上東面告利成

自是朝夕之間哀至不哭。猶朝夕哭

主人兄弟疏食水飲不食菜果寢席枕木。

附註 楊氏復曰古者既虞卒哭有受服練祥禫皆有受服蓋服以表哀哀漸殺則服漸輕然受服數更近於文繁今世俗無受服自始死至大祥其衰無變非古也書儀家禮從俗而不泥古所以從簡

祔

檀弓曰 殷既練而祔周卒哭而祔孔子善殷註曰期而神之人情然殷禮既亡其本末不可考

令三虞卒哭皆用周禮次第則此不得獨從殷禮

卒哭明日而祔卒哭之祭既徹即陳器具饌。器如卒哭唯陳之於祠堂堂狹即於廳事隨便設亡者祖考妣位於中南向西上設亡者位於其東南西向母喪則不設祖考位酒瓶玄酒瓶於阼階上火爐湯瓶於西階上具饌如卒哭而三分母喪則兩分祖妣二人以上則以親者。○雜記曰男子祔于王父則配女子祔于王母則不配註云有事於尊者可以及卑有事於卑者不敢援尊也

附註 高氏曰若祔妣則設祖妣及妣之位更不設祖考位若父在而祔妣則不可遽遷祖妣宜別立

室藏其主，待考同祔。若考妣同祔，則並設祖以次祖考妣之位。○【胡泳曰】高氏別室藏主之說，恐未然。先生亡内子之喪，主只祔在祖妣之傍，此當為據。愚謂父在祔妣，則父為主，乃是夫祔妻於祖妣，三年喪畢，未遷，尚祔於祖妣，待父他日三年喪畢，遷遷祖考妣，始考妣同遷也。高氏父在不可遷，遷妣之說亦是，但別室藏主之說則非也。

厥明夙興，設蔬果酒饌。並同卒哭。質明，主人以下哭於靈座前。主人兄弟皆倚杖於階下，入哭盡哀止。○按此謂繼祖宗子之喪，其世嫡當為後者主喪，乃用此禮。若喪主非宗子，則皆以亡者繼祖之宗主此祔祭。○【禮經】

云祔于祖廟宜使尊者主之．**詣祠堂奉神主出置于座。**祝軸簾啓櫝奉所祔祖考之主置于座內執事者奉祖妣之主置于座西上若在他所則置于西階上卓子上．然後啓櫝○若喪主非宗子而與繼祖之宗異居則宗子為告于祖而設虛位以祭祭訖除之．**還奉新主入祠堂置于座。**主人以下還詣靈座所哭祝奉主櫝詣祠堂西階上卓子上主人以下哭從如從柩之敘至門止哭祝啓櫝出主如前儀若喪主非宗子則與喪主主婦以下還迎**敘立。**若宗子自為喪主則敘立如虞祭之儀若喪主非宗子則宗子主婦分立兩階之下喪主在宗子之右喪主婦在宗子婦之左長則居前少則居後餘亦如虞祭之儀．**參神。**在位者皆再拜

參祖考妣**降神**若宗子自爲喪主則喪主行之若喪主非宗子則宗子行之並同卒哭**祝**

進饌並同虞祭**初獻**若宗子自爲喪主則喪主行之若喪主非宗子則宗子行之並同卒哭但酌獻先詣祖考妣前日子前同卒哭祝版但云孝子某謹以絜牲柔毛粢盛醴齊適于皇某考某官府君隮祔孫某官尚饗皆不哭內喪則云皇某妣某封某氏隮祔孫婦某封某氏次詣亡者前若宗子自爲喪主則祝版前同但云薦祔事于先考某官府君適于皇某考某官府君尚饗若喪主非宗子則隨宗子所稱若亡者於宗子爲卑幼則宗子不拜

亞獻終獻若宗子自爲喪主則主婦爲亞獻親賓爲終獻若喪主非宗子則喪主爲亞獻主婦爲終獻並同卒哭及初獻儀惟不讀祝

侑食闔門

啓門辭神。並同卒哭。但不哭。祝奉主各還故處。

祝先納祖考妣神主于櫝中匣之次納亡者神主西階卓子上匣之奉之反于靈座出門主人以下哭從如來儀盡哀止若喪主非宗子則哭而先行宗子亦哭送之盡哀止若祭於他所則祖考妣之主亦如新主納之

附註 先生答葉賀孫書曰所喻既祔之後主不當復于寢此恐不然向見陸子靜居母喪時力主此說其兄子壽疑之皆以書來見問因以儀禮註中之說告之渠初乃不曾細看而率然立論及聞此說遂以爲只是註說初非經之本文不足據信當時嘗痛闢之且以爲未論古礼如何但今只如此卒哭之後便除靈席則孝子之心豈能自安耶其後子壽書來乃伏其繆而有他日負荆之語今更

以他書考工以論之，知大戴禮諸侯遷廟篇云君及從者皆玄服，則是三年大祥之後，既除喪而後遷矣。其詞但告遷而不言祔，是既祔之後主復于寢而至此方遷于廟矣。○又曰：古者廟有昭穆之次，昭常爲昭，穆常爲穆，故祔新死者于其祖父之廟，則爲告其祖父以當遷他廟，而告新死者以當入此廟之漸也。今公私之廟皆爲同堂異室，以西爲上之制，而無復左昭右穆之次。一有遞遷，則羣室皆遷，而新死者當入于其禰之故室矣。此乃礼之大節，與古不同，而爲禮者猶執祔于祖父之文，似無意義。然欲遂變而祔于禰廟，則又非愛礼存羊之意。竊意與其依違牽制，而均不免爲失礼，曷若獻議于朝，盡復公私之廟，皆爲左昭右穆之制，而一洗其謬之爲快乎。

文公家禮卷第七

文公家禮卷第八

門人楊復　劉垓孫　集註

小祥　鄭氏云：祥，吉也。

朞而小祥。自喪至此，不計閏，凡十三月。古者卜日而祭，今止用初忌，以從簡易。大祥倣此。

前期一日，主人以下沐浴，陳器具饌。主人帥衆丈夫洒掃滌濯，主婦帥衆婦女滌釜鼎，具祭饌，它皆如卒哭之禮。

設次陳練服。丈夫婦人各設次於別所，置練服於其中。男子以練布為冠，去首絰負版辟領衰，婦人截長裙，不令

曳地襪服期者改吉服然猶盡其月不服金珠錦繡紅紫唯為妻者猶服禫盡十五月而除

附註 愚按儀禮喪服記載衰負版辟領之制甚詳但有闕文不言衰負版辟領何時而除司馬公書儀云既練男子去首絰負版辟領衰故家禮據書儀云小祥去首絰負版辟領衰但禮經既練男子除首絰婦人除要帶家禮於婦人成服時並無婦人絰帶之文此為疏略故既練亦不言婦人除帶當以禮經為正

厥明夙興設蔬果酒饌並同卒哭質明祝出主主人以下入哭皆如卒哭之儀但主人倚杖於門外與期親各服其

服而入。若已除服者來預祭，亦釋去華盛之服，皆哭盡哀止。**乃出就次，易服。復入哭。**祝止之。**降神。**如卒哭。**三獻。**如卒哭之儀。祝版前同，但云：日月不居，奄及小祥，夙興夜處，小心畏忌，不惰其身，哀慕不寧，敢用絜牲柔毛、粢盛醴齊，薦此常事。尚饗。**侑食。闔門。啟門。辭神。**皆如卒哭之儀。**止朝夕哭。**惟朔望未除服者會哭。其遭喪以來親戚之未嘗相見者，相見雖已除服，猶哭盡哀，然後敘拜。**始食菜果。**

附註　問：妻喪踰期，則主祭矣。先生曰：此未有考。但司馬氏大小祥祭，已除服者皆與祭，則主祭者雖已除

服亦何害於與祭乎但不可純用吉服須如弔服及忌日之服可也

大祥

再朞而大祥。自喪至此不計閏凡二十五月亦止用第二忌日祭。前期一日沐浴陳器具饌。皆如小祥。設次陳禫服。

司馬公曰丈夫垂脚黲紗幞頭黲布衫布裹角帶未大祥間假以出謁者婦人冠梳假髻以鵝黄青碧皁白爲衣履其金珠紅繡皆不可用。

附註 問子爲母大祥及禫夫已無服其祭當如何

先生曰今禮几筵必三年而除則小祥大祥之祭

皆夫主之。但小祥之後，夫即除服，大祥之祭，亦恐須素服，如弔服可也。但改其祝詞，不必言為子而祭也。

告遷于祠堂。以酒果告如朔日之儀。若無親盡之祖，則祝版云云，告畢，改題神主，如加贈之儀，遞遷而西，虛東一龕，以俟新主。若有親盡之祖，而其別子也，則祝版云云，告畢，而遷于墓所，不埋。其支子也，而族人有親未盡者，則祝版云云，告畢，遷于最長之房，使主其祭。其餘改題遞遷如前。若親皆已盡，則祝版云云，告畢，埋于兩階之間。其餘改題遞遷如前。

厥明行事，皆如小祥之儀。惟祝版改小祥曰大祥，常事曰祥事。**畢，祝奉神主入**

于祠堂。主人以下哭從。如祔之敘。至祠堂前哭止。徹靈座。斷杖。棄之屏處。奉遷主埋于墓側。始飲酒食肉而復寢。

附註 問祧主。**先生曰** 天子諸侯有太廟夾室。則祧主藏於其中。今士人家無此。祧主無可置處。禮記說藏於兩階間。今不得已只埋於墓所。○**李繼善問曰** 納主之儀。禮經未見。書儀亦云遷祔畢。於影堂別無告祭之禮。周舜弼以爲昧然歸匣。恐未爲得。先生前云諸侯三年喪畢。皆有祭。但其禮亡。而大夫以下又不可考。然則今當何所據耶。**先生答曰** 橫渠說三年後祫祭於太廟。因其祭畢還主之時遂奉祧主歸於室遷主新主皆歸于其廟此似為得礼鄭氏周礼註太宗伯享先王處似亦有此意而舜弼所疑與其所謂三年喪畢有祭者似亦暗與之合但既祥而徹几筵其主且當祔于祖父之廟俟祫畢然後遷耳○愚按家礼祔與遷皆祥祭一時之事前期一日以酒果告訖改題遞迁而西虛東一龕以俟新主厥明祥祭畢奉神主入于祠堂又按先生與李者書則祔與遷是兩項事既祥而徹几筵其主且當祔于祖父之廟俟三年喪畢合祭而後遷蓋世次迭遷昭穆繼序其事至重豈可無祭告禮但以酒果告遷行迭迁乎在礼喪三年不祭故横渠說三年喪畢祫祭於太廟因其祭畢還主之時迭遷神主用意婉轉此為得礼而先生從之或者又以太祥除喪而新主未得祔

廟爲疑竊嘗思之新主所以未遷廟者正爲体三者尊敬祖考之意祖考未有祭告豈敢遽遷也况禮辨昭穆孫必祔祖凡合祭時孫常祔祖今以新主且祔於祖父之廟有何所疑當俟吉祭前一夕以薦告遷主畢乃題神主厥明合祭畢奉祧主埋於墓所奉遷主新主各歸于廟故並述其說以俟參考。**高氏告祔遷祝文曰**年月日孝曾孫某罪積不滅禍及先考世次迭遷昭穆繼序先王制禮

不敢

不至

禫**鄭氏曰**澹澹然平安之意

大祥之後中月而禫間一月也自喪至此不計閏凡二十七月

附註 司馬公曰 士虞禮中月而禫 鄭註云 中猶間也禫祭名也自喪至此凡二十七月按魯人有朝祥而暮歌者子路笑之 夫子曰 踰月則其善也孔子既祥五日彈琴而不成聲十日而成笙歌 檀弓曰 祥而縞註縞冠素紕也是月禫徙月樂三年問曰三年之喪二十五月而畢然則所謂中月而禫者蓋禫祭在祥月之中也歷代多從鄭說今律勅三年之喪皆二十七月而除不可違也○ 先生曰 二十五月祥後便禫看來當如王肅之說於是月禫徙月樂之說為順而今從鄭氏之說雖是禮疑從厚然未爲當

前一月。下旬卜日。下旬之首擇來月三旬各一日或丁或亥設卓子于祠堂門外，置香爐香合珓盤子于其上，西向。主人禫服西向，衆主人次之，少退北上，子孫在其後，重行北上，執事者北向東上。主人炷香燻珓，命以上旬之日，曰某將以來月某日，祗薦禫事于先考某官府君，尚饗。即以珓擲于盤，以一俯一仰爲吉，不吉，更命中旬之日，又不吉，則用下旬之日。主人乃入祠堂本龕前，再拜，在位者皆再拜。主人焚香，祝執詞立於主人之左，跪告曰：孝子某將以來月某日，祗薦禫事于先考某官府君，卜既得吉，敢告。主人再拜，降與在位者皆再拜，祝闔門退。若不得吉，則不用下旬，卽得吉一句。

前期一日，沐浴，設位，陳器，具饌。設神位于靈座故處，他如大祥之儀。

厥明行事，皆如大祥之儀。但主人以下詣祠堂，祝奉主櫝

置于西階卓上。出主，置于座。主人以下皆哭盡哀。三獻、

不哭。改祝版大祥為禫祭，祥事為禫事。至辭神，乃哭，盡

哀。送神主至

祠堂，不哭。

附註 先生曰：薦新告朔，吉凶相襲，似不可行。未葬可廢。既葬則使輕服或已除者入廟行禮可也。四時大祭，既葬亦不可行。如韓魏公所謂節祠者則如薦新行之可也。○又曰：家間頃年居喪，於四時正祭則不敢舉，而俗節薦享則以墨衰行之。蓋正祭三獻受胙，非居喪所可行，而俗節則唯普同一獻，不讀祝，不受胙也。○先生以子喪不舉盛祭，就祠堂内致薦，用深衣幅巾，祭畢反喪服，哭奠子則

至

慟。

居喪雜儀

檀弓曰始死充充如有窮既殯瞿瞿如有求而弗得既葬皇皇如有望而弗至練而慨然祥而廓然顏丁善居喪始死皇皇如有求而弗得及殯望望焉如有從而弗及既葬慨然如不及其反而息雜記孔子曰少連大連

善居喪。三日不怠。三月不解。期悲哀。
三年憂。喪服四制曰。仁者可以觀其
愛焉。知者可以觀其理焉。彊者可以
觀其志焉。禮以治之。義以正之。孝子
弟弟貞婦。皆可得而察焉。曲禮曰。居
喪未葬。讀喪禮。既葬。讀祭禮。喪復常。
讀樂章。檀弓曰。大功廢業。或曰。大功

誦可也。今居喪但勿讀樂章可也。雜記。三年之喪言
而不語。對而不問。言言己事也為人說為語。喪大記。
父母之喪。非喪事不言。既葬與人立。
君言王事。不言國事。大夫士言公事。
不言家事。檀弓。高子臯執親之喪未
嘗見齒。言笑之微雜記。疏衰之喪。既葬人
請見之。則見。不請見人。小功。請見人

可也。又凡喪。小功以上。非虞祔練祥。
無沐浴。曲禮頭有創則沐。身有瘍則
浴。喪服四制。百官備。百物具。不言而
事行者扶而起。言而後事行者杖而
起。身自執事而後行者面垢而已。凡
此皆古禮。今之賢孝君子。必有能盡
之者。自餘相時量力而行之。可也。

大一、五十　四五

致賻奠狀

具位姓某。某物若干。右謹專送上。某人靈筵。聊備賻儀。香茶酒食一云奠儀。伏惟歆納。謹狀。年月日。具位姓某狀。降等不用年。

封皮　狀上某官靈筵。具位姓某謹封。降等則用

面签云某人靈筵

具位某狀謹封。

謝狀

三年之喪未卒哭。只令子姪發謝書。

某郡姓名。某物若干。右伏蒙尊慈。降等一云仁私。以某某親違世。大官一云薨沒。特賜平交一云貺賻

儀。奠即一云奠下誠平交不用此二字不任哀感之至。謹

具平交作奉狀上平交一云陳謝。謹狀。餘並同前但封皮不用靈筵二字。

慰人父母亡疏慰嫡孫承重者同。

某頓首再拜言。降等一云頓首不意凶變。亡者官尊即一云

邦國不幸。後皆倣此先某位。無官即一云先府君。有契即加幾丈。於某位府君之上。○母一云先

某封無封即云先夫人。○承重即云尊祖考某位尊祖妣某封餘並同奄棄榮養。亡者官尊即云奄捐館舍或云奄忽薨逝母封至夫人者亦云薨逝若生者無官即云奄違色養承訃驚怛。不能已已。伏惟。平交云恭惟降等云緬惟孝心純至。思慕號絕。何可堪居。日月流邁。遽踰旬朔。經時即云已忽經時已葬即云遽經襄奉卒哭小祥大祥禫除各隨其時哀痛奈何。罔極奈何。不審自罹荼毒。父在母亡即云憂苦氣力何如。平交云何似伏乞。平交云伏願降等云惟冀強加飧粥。已葬則云疏食僶從禮制。其役事所縻在官即云職業有守未由奔慰。其於憂戀無任下誠。平交以下但云未由奉慰悲係彌深謹奉疏。平交云狀伏惟鑒察。平交以下去此四字不備。謹疏。平交云不宣謹狀月日具位。降等用郡望姓某疏上。平交云狀某官大孝。苫前母亡即云至孝。平交以下云苫次。

封皮疏上某官大孝。苫前具位。姓某謹封。

降等即用面簽。一云某官大孝苦次。郡望姓名。狀謹封。若慰人母亡，即一云至孝。重封

疏上（平交一云狀）某官具位姓某謹封。

父母亡答人慰疏。（嫡孫承重者同。）

某稽顙再拜言。（降等一云叩首，去云言字）某罪逆深重。不自死滅，禍延先考。（母一云先妣。承重則祖父一云先祖考，祖母一云先祖妣。）攀號擗踊，五內分崩，叩地叫天，無所逮及。日月不居，奄踰旬朔。（隨時同前）酷

罰罪苦。父在母亡即云偏罰罪深父先亡則母與父同無望生全。即日蒙恩。平交以下去此四字祇奉几筵苟存視息。伏蒙尊慈俯賜慰問。哀感之至。無任下誠。平交云仰承仁恩俯垂慰問其爲哀感但切下懷降等云特承慰問哀感良深。

司馬公曰凡遭父母喪知舊不以書來弔問是無相恤之心於禮不當先發書不得已須至先發即刪此四句。

末由號訴。不勝隕絕。謹奉疏。降等云狀荒迷不次。謹疏。降等云狀月日孤子。母喪稱哀子俱亡即稱孤哀子承重者稱孤孫哀孫。

孤哀孫。

（附註）先生曰：父喪稱孤子，母喪稱哀子，溫公所稱。蓋因今俗以別父母，不欲混并之也。且從之亦無害。

姓名。跪上某位。座前。謹空。○平交以下去此二字。

封皮 重封。並同前。但改具位為孤子。

慰人祖父母亡啓狀 謂非承重者，伯叔父母、姑、兄姊、弟妹、妻、子

姪孫 同

某啓：不意凶變（子孫不用此句）尊祖考某位。奄

切違世。祖母曰尊祖妣某封無官封有契已見上○伯叔父母姑即加尊字兄姊弟妹亦令
字降等皆加賢字若彼一等之親有數人即加行弟公
幾某位無官云幾府君有契即加幾丈幾兄於其位附
君之上姑姊妹則稱以夫姓云某宅尊姑令姊妹○妻
則云賢閤某封無封則但云賢閤○子即云伏承令子
幾某位姪孫並同降等則曰賢無官者稱秀才承訃驚怛不能已已。
妻改怛為愕子孫但云不勝驚怛伏惟。恭緬見前孝心純至哀慟
摧裂何可勝任。伯叔父母姑云親愛加隆哀慟沉痛何可堪勝兄姊弟妹則云
友愛加隆妻則云伉儷義重悲慟沉痛子姪孫
則云慈愛隆深悲慟沉痛餘與伯叔父母姑同孟春

十二

大九七一二六七二

猶寒隨時。不審尊體何似。降等云所履。伏乞。平交以下
如前深自寬抑。以慰慈念。其人無父母即但云遠誠　連書不上平
其事役所縻。在官如前未由趨慰。其於憂
想無任下誠。平交以下如前謹奉狀。伏惟鑒察。
平交如前不備。平交如前謹狀。月日。具位姓名狀
上其位。服前平交云服次　封皮重封。同前。
祖父母亡。答人啓狀。謂非承重者。伯母姑兄姊弟肨

姪孫

同·

某啓。家門凶禍。伯叔父母姑兄姊弟妹云云家門不幸。妻云云私家不幸。子姪孫云云私門先祖考。祖母云云先祖妣。伯叔父母云云幾伯叔父母。姑云云幾家姑。兄姊云云幾家兄。幾家姊。弟妹云云幾舍弟。幾舍妹。妻云云室人。子云云小子某。姪云云從子某。孫曰幼孫某。奄忽棄背。兄弟以下云云喪逝。子姪孫云云遽尔夭折。痛苦摧裂。不自勝堪。伯叔父母姑兄姊弟妹云云摧痛酸楚。不自堪忍。妻改摧痛爲悲悼。子姪孫改悲悼爲悲念。伏蒙尊慈。特賜慰問。哀感之至。不任下誠。平交降等如前孟春猶寒。隨時伏惟。恭緬如前某位尊體起居萬福。平交不用起居降等但云動止万福某郎日侍奉。无父母即不用此句幸免它苦。未由面訴。徒增哽塞。謹奉狀上平交云陳謝。不備。平交如前謹狀月日

其郡姓名狀上某位座前謹空○平交如前封皮重封如前。

右喪禮附註凡四十九條

文公家禮卷第八

正寢時祭之圖

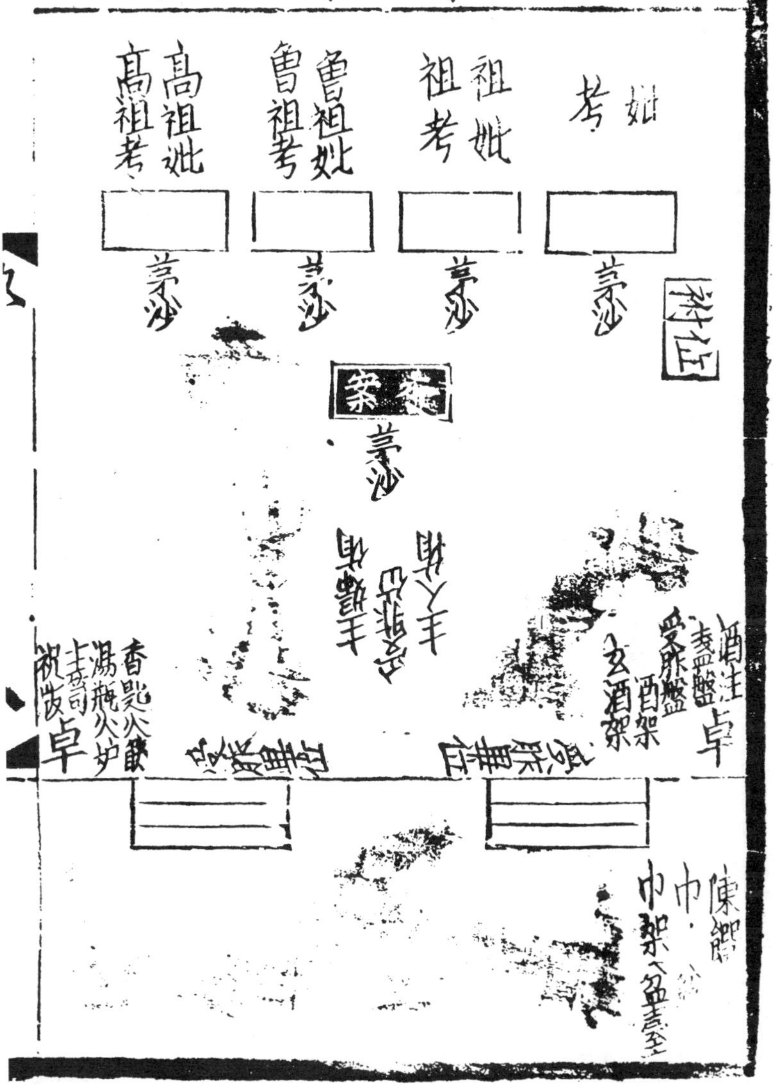

妣
考
祖妣
祖考
曾祖妣
曾祖考
高祖妣
高祖考
茅沙
茅沙
茅沙
茅沙
祔位
香案
茅沙
主人位
主婦位
酒注
盞盤
卓
受胙盤
酒架
玄酒架
香匙火箸
湯瓶火爐
香合
祝版
卓
陳盥
巾
巾架
盥盆

每位設饌之圖

妣位

考位

妣位：

果　脯醢　麪食　飯
果　蔬菜　肉　盞盤
果　脯醢
果　蔬菜　炙肝　匙筯
果　脯醢　魚　醋楪
果　蔬菜　米食　羹

考位：

果　脯醢　麪食　飯
果　蔬菜　肉　盞盤
果　脯醢
果　蔬菜　炙肝　匙筯
果　脯醢　魚　醋楪
果　蔬菜　米食　羹

文公家禮卷第九

門人楊復 劉垓孫 集註

祭禮第五

四時祭

附註 司馬公曰 王制大夫士有田則祭無田則薦註祭以首時薦以仲月今國家惟享太廟用孟月自周六廟濮王廟皆用仲月以此私家不敢用孟月○高氏曰 何休曰有牲曰祭無牲曰薦大夫牲用羔士牲特豚庶人無常牲春薦韭夏薦麥秋薦黍冬薦稻韭以卵麥以魚黍以豚稻以鴈取其新

物相宜凡庶羞不踰牲若祭以羊則不以
牛爲羞也今人鮮用牲唯設庶羞而已

時祭用仲月前旬卜日

孟春下旬之首擇仲月三旬各一日

或丁或亥主人盛服立於祠堂中門外西向兄弟立於主人之南少退北上子孫立於主人之後重行西向北上置卓子於主人之前設香爐香合环珓及盤於其上主人搢笏焚香薰珓而命以上旬之日曰某將以來月某日諏此歲事適其祖考尚饗卽以珓擲于盤以一俯一仰爲吉不吉更卜中旬之日又不吉則不復卜而直用下旬之日既得日祝開中門主人以下北向立如朔望之儀皆再拜主人升焚香再拜祝執詞跪于主人之左讀曰孝孫某將以來月某日祗薦歲事于祖考卜既得吉敢告用下旬則不言卜既得吉主人再拜降復位

與在位者皆再拜祝闔門主人以下復西向位執事立于門西皆東面北上祝立于主人之右命執事者曰孝孫某將以來月某日祗薦歲事于祖考有司具脩執事者應曰諾乃退

附註 問舊嘗收得先生一本祭儀時祭皆用卜日今聞却用二至二分祭是如何 **先生曰** 卜日無定慮有不虔溫公亦云只用分至亦可 ○ **司馬公曰** 孟詵家祭儀用二至二分然今仕官者職業既繁但時至事暇可以祭則卜筮亦不必亥日及分至也若不暇卜日則止依孟儀用分至於事亦便也

前期三日齋戒

前期三日主人帥衆丈夫致齋于外主婦帥衆婦女致齋于内沐浴更衣飲酒不得至亂食肉不得茹葷不弔喪不聽樂凡凶穢之事皆不得預

附註司馬公曰主婦主人之妻也禮舅沒則姑老不與於祭主人主婦必使長男長婦爲之若或自欲預祭則特位於主婦之前參神畢升立於酒壺之北監視禮儀或老疾不能久立則休於他所俟受胙復來受胙辭神而已

前一日設位陳器。主人帥衆丈夫深衣及執事洒掃正寢洗拭倚卓務令蠲潔設高祖考妣位於堂西北壁下南向考西妣東各用一倚一卓而合之曾祖考妣祖考妣考妣以次而東皆如高祖之位世各爲位不屬祔位皆於東序西向北上或西序相向其尊者居西妻以下則於階下設香案於堂中置香爐香合於其上束茅聚沙於香案前及前地上設酒架於東階上別置卓子於其東設酒注一、酹酒盞一、盤一、受胙盤一、匕一、巾一、茶合、茶筅、茶盞托、鹽楪、醋瓶於其上。火爐、湯瓶、香匙、火筯於西階上。別置卓子於其西，設祝版於其上。設盥盆帨巾各二於阼階下之東。其西者有臺架。又設陳饌大牀於其東。

附註　**司馬公書儀**祭及曾祖。有問伊川先生：今人不祭高祖，如何？曰：高祖自有服，不祭甚非。某家卻祭高祖。**又曰**：自天子至於庶人，五服未嘗有異，皆至高祖。服既如是，祭祀亦須如是。○**先生曰**：考諸程子之言，則以爲高祖有服，不可不祭，雖七廟、五廟亦止於高祖，雖三廟、一廟以至祭寢，亦必及於高祖，但有踈數之不同耳。疑此最爲得祭祀之本意。今以祭法考之，雖未見祭必及高祖之文，然有月祭享嘗之別，則古者祭祀以遠近爲踈數，亦可見矣。禮家又言大夫有事，省於其君，干祫及其高祖此則可爲立三廟而祭及高祖之驗而來教所疑私家合食之文亦因可見矣但于祫之制似未有可考耳○又曰古人宗子承家主祭仕不出鄉故廟無虛主而祭必於廟惟宗子越在它國則不得祭而庶子居者代之祝曰孝子某使介子某執其常事然猶不敢入廟特望墓爲壇以祭蓋其尊祖敬宗之嚴如此今人主祭者遊宦四方或貴仕於朝又非古人越在它國之比則以其田祿脩其薦享尤不可闕不得以身去國而使支子代之也泥古則闊於事情徇俗則無所品節必欲酌其中制適古今之宜則宗子所在奉二主以從於事爲宜蓋上不失萃聚祖考精神之義二主常相依則精神不分矣下使宗子得以田祿薦享[illegible]宗處禮之變而不失其中所謂禮雖先王未之[illegible]可

以義起之者，蓋如此。但支子所得自主之祭，則當留以奉祀，不得隨宗子而徙也。所喻留影於家，奉祠版而行，恐精神分散，非鬼神所安。而支子私祭，上及高曾，又非所以嚴大宗之正也。○又曰：兄弟異居，廟初不異，只合兄祭而弟與執事，或以物助之爲宜。向見說前輩有如此而相去遠者，則兄家設主，弟不立主，只於祭時旋設位，以紙榜標記，逐位祭畢焚之。如此似亦得禮之變也。

省牲滌器具饌。主人帥衆丈夫深衣省牲涖殺，主婦帥衆婦女背子滌濯祭器，潔釜鼎具祭饌。每位果六品，蔬菜及脯醢各三品，肉魚饅頭糕各一盤，羹飯各一椀，肝各一串，肉各二串，務令精潔。未祭之前，勿令人先食，及爲猫犬虫鼠所汚。

（附註）先生嘗書戒子塾曰：吾不孝，爲先公棄捐不及供養，事先妣四十年，然愚無識知，所以承顏順色，甚有乖戾，至今思之，常以爲終天之痛，無以自贖。惟有歲時享祀，致其謹絜，猶是可着力處。汝輩及新婦等，切宜謹戒。凡祭肉臠割之餘，及皮毛之屬，皆當存之，勿令殘穢褻慢，以重吾不孝。

厥明。夙興。設蔬果酒饌。

主人以下深衣，及執事者俱詣祭所，盥手，設果楪於逐位卓子南端，蔬菜脯醢相間次之，設盞盤醋楪於北端，盞西楪東，匙筯居中，設玄酒及酒各一瓶於架上，玄酒其日取井花水充，在酒之西，熾炭于爐，實水于瓶，主婦背子，炊煖祭饌，皆令極熱，以合盛出，置東階下大牀上。

質明。奉主就位。

主人以下各盛服，盥手帨手，詣祠堂前，衆

丈夫叔立如告日之儀主婦西階下北向立主人有母
則特位於主婦之前諸伯叔母諸姑繼之嫂及弟婦姊
妹在主婦之左其長於主母主婦者皆少進子孫婦女
內執事者在主婦之後重行皆北向東上立定主人升
自阼階搢笏焚香出笏告曰孝孫某今以仲春之月有
事于皇高祖考某官府君皇高祖妣某封某氏皇曾祖
考某官府君皇曾祖妣某封某氏皇祖考某官府君皇
祖妣某封某氏皇考某官府君皇妣某封某氏以某親
某官府君某親某封某氏祔食敢請神主出就正寢恭
伸奠獻告辭仲夏秋冬各隨其時祖考有無官爵封謚
皆如題主之文祔食謂旁親無後者及卑幼先亡者無
即不言告訖搢笏斂櫝正位祔位各置一笥各以執事
者一人捧之主人出笏前導主婦從後卑幼在後至正
寢置于西階卓子上主人搢笏啓櫝奉諸考神主出就

位主婦盥帨奉諸妣神主亦如之其祔位則子弟一人奉之旣畢主人以下皆降復位

參神

主人以下敘立如祠堂之儀立定再拜若尊長老疾者休於他所

【附註】陳淳曰廖子晦廣州所刊本降神在參神之前不若臨漳傳本降神在參神之後爲得之蓋旣奉主於其位則不可虛視其主而必拜以肅之故參神宜居於前至灌則又所以爲將獻而親饗其神之始也故降神宜居於後然始祖先祖之祭只設虛位而無主則又當先降而後參亦不容以是爲拘○司馬公曰古之祭者不知神之所在故灌用鬱鬯臭陰達于淵泉蕭合黍稷臭陽達于牆屋所以廣求神也今此禮旣難行於士民之家故但焚香酹酒以代之

降神。主人升搢笏焚香出笏少退立執事者一人開酒取巾拭瓶口實酒于注一人取東階卓子上盤盞立于主人之左一人執注立于主人之右主人搢笏跪奉盤盞者亦跪進盤盞主人受之執注者亦跪斟酒于盞主人左手執盤右手執盞灌于茅上以盤盞授執事者出笏俛伏興再拜降復位

附註 有問伊川先生旣奠之酒何以置之曰古者灌以降神故以茅縮酌謂求神於陰陽有無之間故酒必灌於地若謂奠酒則安置在此今人以澆在地上甚非也旣獻則徹去可也。橫渠張氏曰奠酒奠安置也若言奠摯奠枕是也謂注之於地非也。朱先生曰 酹酒有兩說一用鬱鬯灌地以降神則惟天子諸侯有之一是祭酒蓋古者飮食必祭今以鬼神自不能祭故代之祭也今人雖存

其禮而失其義不可不知。問酹酒是少傾傾是盡傾。先生曰降神是盡傾。愚按此四條降神酹酒是盡傾三獻奠酒不當澆之於地家禮初獻取高祖妣盞祭之茅上者代神祭也禮祭酒少傾於地祭食於豆間。

皆代神祭也。

進饌。主人升主婦從之執事者一人以盤奉魚肉一人以盤奉米麪食一人以盤奉羹飯從升至高祖位前主人搢笏奉肉奠于盤盞之南主婦奉麪食奠于肉西主人奉魚奠于醋楪之南主婦奉米食奠于魚東主人奉羹奠于醋楪之東主婦奉飯奠于盤盞之西主人出笏以次設諸正位使諸子弟婦女各設祔位皆畢主人以下皆降復位。

初獻。主人升詣高祖位前執事者一人執酒注立於其右冬月卽先煖之主人搢笏奉高祖考盤盞位前東向立執事者西向斟酒于盞主人奉之奠于故處次奉高祖妣盤盞亦如之出笏位前北向立執事者二人奉高祖考妣盤盞立于主人之左右主人搢笏跪執事者亦跪主人受高祖考盤盞右手取盞祭之茅上以盤盞授執事者反之故處受高祖妣盤盞亦如之出笏俛伏興少退立執事者炙肝于爐以楪盛之凡弟之長一人奉之奠于高祖考妣前匙筯之南祝取版立於主人之左跪讀曰維年歲月朔日子孝元孫某官某敢昭告于皇高祖考某官府君皇高祖妣某封某氏氣序流易時維仲春追感歲時不勝永慕敢以絜牲柔毛粢盛醴齊祗薦歲事以某親某官府君某親某封某氏祔食尚饗畢興曾祖前稱孝曾孫考前稱孝子改不勝永慕爲昊天罔極○凡祔者伯叔祖父祔于高祖伯叔父祔于曾祖兄弟祔于祖子孫

祔于考，餘皆倣此。如本位無，卽不言以某親祔食。○祖考無官，及改夏秋冬字皆已見上。主人再拜，退，詣諸位獻祝如初。每逐位讀祝畢，卽以弟衆男之不爲亞終獻者，以次分詣本位所祔之位，酌獻如儀，但不讀祝。獻畢皆降復位。執事者以它器徹酒及肝，置盞故處。

【附註】司馬公書儀：主人升自阼階，詣酒注所，西向立。執事一人左手奉曾祖考酒盞，右手奉曾祖妣酒盞。一人奉祖考妣酒盞。一人奉考妣酒盞，皆如高祖考妣之次，從主人所。主人搢笏，執注，以次斟酒。執事者奉之，徐行，反置故處。主人出笏，詣曾祖考妣神座前，北向。執事者一人奉曾祖考酒盞，立于主人之左。一人奉曾祖妣酒盞，立於主人之右。主人搢笏跪，取曾祖考妣酒酹之，授執事者，盞返故處。乃讀祝。此其禮與虞禮同。家禮則主人升詣神位前。主人奉祖考妣盤盞。一人執注立于其右。斟酒。此則與虞禮異。愚竊詳虞禮神位惟一。時祭則神位多。家禮主人升詣神位前。奉盤盞位前東向立。執事者斟酒。主人奉之。奠于故處。次奉祖妣盤盞亦如之。如此則禮嚴而意專。若書儀則時祭與虞祭同。主人詣酒注卓子前。執事者左右手奉兩盤盞。則其禮不嚴。主人執注盞斟諸神位酒。則其意不專。此家禮所以不用書儀之禮。而又以義起之也。

亞獻

主婦爲之。諸婦女奉炙肉及分獻。如初獻儀。但不讀祝。

（附註）先生曰。祭禮主人作初獻。末有主婦。則弟得爲亞獻。弟婦爲終獻。○愚按亞獻如初儀。潮州所刋家禮云惟不祭酒于茅潮本所云不祭酒于茅是乎曰所謂祭酒于茅者爲神祭也古者飲食必祭及祭祖考祭外神亦爲神祭少牢饋食禮主人初獻尸尸祭酒而後啐酒卒爵主婦亞獻尸尸祭酒而後卒爵賓長三獻尸尸祭酒而後卒爵士虞特牲礼亦然凡三獻尸皆祭酒爲神祭也鄉射大射獲者献侯先右个次中次左个皆祭酒爲侯祭也以此觀之三獻皆當祭酒于茅潮本葢或者以意改之故與他本不同失之矣

終獻。凡弟之長或長男或親賓爲之衆子弟奉炙肉及分獻如亞獻儀。

侑食。主人升搢笏執注就斟諸位之酒皆滿立於香案之東南主婦升扱匙飯中西柄正筯立于香案之西南皆北面再拜降復位闔門。主人以下皆出祝闔門無門處即降簾可也主人立於門東西向衆丈夫在其後主婦立於門西東向衆婦女在其後如有尊長則少休於他所此所謂厭也

附註 愚按士虞禮無尸者祝闔牖户如食間註如尸一食九飯之頃也又曰祝聲三啓户註聲者噫歆也今祭既無尸故須設此儀

啓門。祝聲三噫歆乃啓門主人以下皆入其尊長先休于他所者亦入就位主人主婦奉茶分進于考妣之前祔位使諸子弟婦女進之

受胙。執事者設席于香案前主人就席北面祝詣高祖考前舉酒盤盞詣主人之右主人跪祝亦跪主人搢笏受盤盞祭酒啐酒祝取匙并盤抄取諸位之飯各少許奉以詣

主人之左嘏于主人曰祖考命工祝承致多福于汝孝孫來汝孝孫使汝受祿于天宜稼于田眉壽永年勿替引之主人置酒于席前出笏俛伏興再拜搢笏跪受飯嘗之實于左袂掛袂于季指取酒卒飲執事者受盞自右置注旁受飯自左亦如之主人執笏俛伏興立於東階上西向祝立於西階上東向告利成降復位與在位者皆再拜主人不拜降復位

辭神。主人以下皆再拜

納主。主人主婦皆升各奉主納于櫝主人以笥斂櫝奉歸祠堂如來儀

徹。主婦還監徹酒之在盞注他器中者皆入于瓶緘封之所謂福酒果蔬肉食並傳于燕器主婦監滌祭器而藏之

餕。是日主人監分祭胙品取少許置于合并酒皆封之遣僕執書歸胙於親友遂設席男女異處尊行自爲一列南面自堂中東西分首若止一人則當中

而坐。其餘以次相對，分東西向，尊者一人先就坐，衆男敘立，世爲一行，以東爲上，皆再拜。子弟之長者一人少進立，執事者一人執注立于其右，一人執盤盞立于其左。獻者搢笏跪，弟獻則尊者起立，子姪則坐。受注斟酒反注，受盞，祝曰：祀事既成，祖考嘉饗，伏願某親備膺五福，保族宜家。授執盞者，置于尊者之前。長者出笏，尊者舉酒畢，長者俛伏興，退復位，與衆男皆再拜。尊者命取注及長者之盞置于前，自斟之，祝曰：祀事既成，五福之慶，與汝曹共之。命執事者以次就位斟酒，皆徧。長者進跪受飲畢，俛伏興，退立。衆男進揖，退立飲。長者與衆男皆再拜。諸婦女獻女尊長於內，如衆男之儀，但不跪。既畢，乃就坐，薦肉食。諸婦女詣堂前，獻男尊長壽，男尊長酢之，如儀。衆男詣中堂，獻女尊長壽，女尊長酢之，如儀。乃就坐，薦麪食，內外執事者各獻內外尊長壽，如儀。而不酢遂就斟在坐者徧俟皆舉乃再拜退遂薦米食然後泛行酒閒以祭饌酒饌不足則以他酒他饌益之將罷主人頒胙于外僕主婦頒胙于内執事者徧及微賤其日皆盡受者皆再拜乃徹席

附註 司馬公書儀曰 礼祭事既畢兄弟及賓迭相獻酬有無算爵所以因其接會使之交恩定好優勸之今亦取此儀

凡祭主於盡愛敬之誠而已。貧則稱家之有無。疾則量筋力而行之。財力可及者。自當如儀。

九卷終

文公家禮卷第十

初祖惟繼始祖之宗得祭　門人楊復劉垓孫集註

附註問始祖之祭先生曰古無此伊川先生以義起其當初也祭後來覺得似僭今不敢祭又曰始祖之祭似禘先祖之祭似祫

冬至祭始祖。程子曰此厥初生民之祖也冬至一陽之始故象其類而祭之前期三日齋戒。如時祭之儀前期一日設位。主人衆丈夫深衣帥執事者洒掃祠堂滌濯器具設神位於堂中間北壁下設屏風於其後食牀於其前陳

器。設火爐於堂中，設炊烹之具于東階下，盥東炙具在其南，東岸以下，並同時祭，主婦衆婦女，皆子帥執事者滌濯祭器，潔釜鼎，具果楪六，盤三，杅六，小盤三，盞盤匙筯各二，脂盤一，酒注酹酒盤盞一，受胙盤匙一。○按此本各用古祭器，今恐私家或不能辦，且用今器以從簡便。神位用蒲薦加草席，皆有緣，或用紫褥，皆長五尺，闊二尺有半，屏風如枕屏之制，足以圍席三面，食牀以板爲面，長五尺，闊三尺餘，四圍亦以版高一尺二寸，二寸之下乃施版，面皆黑漆。

具饌。晡時殺牲，主人親割，毛血爲一盤，首心肝肺爲一盤，脂雜以蒿爲一盤，皆腥之左胖，不用右胖，前足爲三段，脊爲三段，脅爲三條，後足爲三段，去近竅一節不用，凡十二體，飯米一杅，置于一盤，蔬菓各六。

厥明夙興，設蔬果品，切肝一小盤，切肉一小盤酒饌。主人深衣，帥執事者設玄酒瓶及酒瓶于架上，酒注、酹酒盤盞、受胙盤盞、匙各一於東階卓子上，祝版及脂盤于西階卓子上，匙筯各一於食牀北端之東西，相去二尺五寸，盤盞各一於筯西，果子在食牀南端，蔬在其北，毛血腥盤、切肝肉皆陳于階下饌牀上，米實階下炊具中，十二體實烹具中，以火爨而熟之，盤一杅六，置饌牀上。質明，盛服就位。如時祭儀。降神，參神。主人盥，升，奉脂盤詣堂中爐前跪，告曰：「孝孫某今以冬至有事于皇始祖考、皇始祖妣，敢請尊靈降居神位，恭伸奠獻。」遂燎脂于爐炭上，俛伏，興，少退立。再拜。執事者開酒，主人跪酹，始時祭之儀。進饌。主人升，詣神位前，執事者奉毛血腥肉以進，主人受，設之于蔬北西上。執事者出熟肉，置于盤，奉以進，主人受，設之腥盤

之東執事者以杅二盛飲杅二盛肉湇不和者又以杅二盛肉湇以菜者奉以進主人受設之飯在盞西大羹在盞東鉶羹在大羹東皆降復位

初獻。如時祭之儀但主人既俛伏興兄弟炙肝加塩實于小盤以從祝詞曰維年歲月朔日子孝孫姓名敢昭告于皇初祖考皇初祖妣今以中冬陽至之始追惟報本礼不敢忘謹以絜牲柔毛粢盛醴齊祗薦歲事尚饗

亞獻。如時祭之儀但衆婦炙肉加塩以從

終獻。如時祭及上儀

侑食闔門啓門受胙辭神徹餕。並如時祭之儀

先祖。

繼始祖高祖之宗得祭繼始祖之宗則自初祖而下繼高祖之宗則自先祖而下

立春祭先祖。

程子曰初祖以下高祖以上之祖也立春生物之始故象其類而祭

之前三日齋戒。如祭始祖之儀前一日設位陳

器。如祭初祖之儀。但設祖考神位于堂中之西。祖妣神位于堂中之菜。蔬果楪各十二。大盤六。小盤六。餘並同。

附註 問先生祭禮。只立春日祭高祖而上。只設二位。若古人祫祭。須是逐位祭。曰。本是一氣。若祠堂中各有牌子。則不可。○又曰 諸侯有四時之祫。畢竟是祭有不及處方如此。如春秋有事于太廟。太廟便是羣祧之主皆在其中。

具饌。如祭初祖之儀。但毛血為一盤。首心為一盤。肝肺為一盤。脂膋為一盤。切肝兩小盤。切肉四小盤餘並同厥明夙興。設蔬果酒饌。如祭初祖之儀但每位匙筯各一盤盞各二置階下饌牀上餘並同質明盛服就位。降神參神。如祭始祖之儀但告詞改始爲先餘並同進饌。如祭初祖之儀但先詣祖考位奉毛血首心前足上二節脊二節後足上一節次詣祖妣位奉肝肺前足一節脅二節後足下一節餘並同初獻。如祭初祖之儀但獻正位各俛伏興當中少立兄弟炙肝兩小盤以從祝詞改初爲先中冬陽至爲立春生物餘並同亞獻終獻。如祭初祖之儀但從炙肉各二小盤侑食闔門啓門。受胙辭神徹餕。並如祭初祖儀禰繼禰之宗以上皆得祭惟支子不祭。

季秋祭禰。程子曰季秋成物之始亦象其類而祭之。前一月下旬卜日如時祭之儀惟告辭改孝孫爲孝子又改祖考妣爲考妣若母在則止云皇考而告于本龕之前餘並同前三日齋戒。前一日設位陳器。如時祭之儀但止於正寢合設兩位於堂中西上香案以下並同。具饌。如時祭之儀二分。厥明夙興設蔬果酒饌。如時祭之儀。質明盛服。詣祠堂奉神主出就正寢如時祭于正寢之儀但告詞云孝子某今以季秋成物之始有事于皇考某官府君皇妣某封某氏。

參神降神進饌初獻。如時祭之儀但祝辭云孝子某官某敢昭告于皇考某官府君皇妣某封某氏今以季秋成物之始感時追慕昊天罔極餘並同

亞獻終獻侑食闔門啓門受胙辭神納主徹餕。並如時祭之儀。

(附註)先生曰某家舊時時祭外有冬至立春季秋三祭後以冬至立春二祭似僭意得不安遂已之季秋依舊祭禰而用某生日祭之適值某生日在季秋遂用此日九月十五日。

忌日

前一日齋戒。如祭禰之儀設位。如祭禰之儀但止設一位陳器。如祭禰之儀具饌。如祭禰之饌一分厥明夙興設蔬果酒饌。如祭禰之儀質明主人以下變服。禰則主人兄弟黲紗幞頭、黲布衫、布裹角帶。祖以下則黲紗衫。旁親則皂紗衫。主婦特髻去飾、白大衣、淡黃帔。餘人皆去華盛之服。

附註 問忌日何服。先生曰：某只着白絹涼衫、黲巾。問黲巾以何爲之。曰：紗絹皆可。某以紗。又問黲巾之制。曰：如帕複相似，有四隻帶，若當幞頭然。○先生母夫人忌日，着黲墨布衫，其巾亦然。問今日服

色何謂曰豈不聞君子有終身之喪

詣祠堂奉神主出就正寢。如祭禰之儀但告辭云今以某親某官府君遠諱之晨敢請神主出就正寢恭伸追慕餘並同參神降神進饌

初獻。如祭禰之儀但祝辭云歲序遷易諱日復臨追遠感時不勝永慕考妣改不勝永慕爲昊天罔極旁親云諱日復臨不勝感愴若考妣則祝興主人以下哭盡哀餘並同亞獻終獻。侑食闔門啓門。並同祭禰之儀但不受胙辭神納主徹。並如祭禰之儀但不餕是日不飲酒不食肉不聽樂

黲巾素服素帶以居。夕寢于外。

墓祭

三月上旬擇日。前一日齋戒。如家祭之儀。具饌。墓上每分如時祭之品。更設魚肉米麪食各一大盤以祭后土。厥明灑掃。主人深衣帥執事者詣墓所再拜。奉行塋域內外環繞哀省三周其有草棘即用刀斧鉏斬芟夷灑掃訖復位再拜。又除地於墓左以祭后土。布席陳饌。用新潔席陳于墓前設饌如家祭之儀。參神降神初獻如家祭之儀但祝辭云其親其官府君之墓氣序流易雨露既濡瞻掃封塋。不勝感慕。餘並同。亞獻終獻。並以子弟親賓爲之。辭神乃徹。

遂祭后土。布席陳饌。四盤于席南端。設盤盞匙筯于其北。餘並同上。降神參神三獻。同上。但祝辭云。某官姓名。敢昭告于后土氏之神。某恭脩歲事于某親某官府君之墓。惟時保佑。實賴神休。敢以酒饌。敬伸奠獻。尚享。辭神乃徹而退。

附註 先生嘗書戒子云。比見墓祭土神之禮。全然滅裂。吾甚懼焉。既爲先公託體山林。而祀其主者。豈可如此。今後可與墓前一樣菜菓鮓脯。共十器。肉魚饅頭。各一大盤。凡所具之物。悉陳之。羹飯茶湯各一器。以盡吾寧親事神之意。勿令少有隆殺。

○又問改葬。曰。須告廟而後告墓。方啓墓以葬。葬畢與而歸。又告廟哭而後畢事。方為穩當。
行葬更不必出主。祭告 時卻出主於寢

附註問墓祭有儀否。先生曰。也無儀。大槩略如家祭。古人無墓祭。唐人亦不見有墓祭。但是拜掃而已。或問墓祭祭后土否。曰。就墓外設位而祭。

右祭礼附註凡十六條

文公家禮卷第十